REMARQUES

SUR

LA DEUXIÈME ÉCRITURE CUNÉIFORME DE PERSÉPOLIS

DE L'IMPRIMERIE DE CRAPELET

RUE DE VAUGIRARD, 9

REMARQUES

SUR

LA DEUXIÈME ÉCRITURE CUNÉIFORME DE PERSÉPOLIS

PRÉCÉDÉES

D'UNE LETTRE SUR CETTE ÉCRITURE

PAR

ISIDORE LÖWENSTERN

MEMBRE DE L'ACADÉMIE ROYALE DES BELLES-LETTRES DE STOCKHOLM, ETC.

*Auteur de l'Exposé des Éléments constitutifs du système de la troisième écriture cunéiforme
de Persépolis*

(Extrait de la *Revue Archéologique*, 6ᵉ année.)

PARIS

A. LELEUX, LIBRAIRE

ÉDITEUR DE LA REVUE ARCHÉOLOGIQUE

RUE PIERRE-SARRAZIN, 9.

1850

LETTRE A M. DE SAULCY,

SUR

LA DEUXIÈME ÉCRITURE DE PERSÉPOLIS.

Monsieur et Ami,

Voué à une étude dont vos écrits ont contribué plus que ceux de tout autre à faire connaître l'importance, charmé d'y rencontrer un collaborateur de votre talent, je ne saurais laisser passer votre publication sur la deuxième écriture de Persépolis dite médique (1) sans y appeler à mon tour par ma faible voix tout l'intérêt qu'elle mérite.

Je sens le peu de droit que je puis avoir à m'ériger comme critique de vos savantes recherches ; elles ne s'adressent point à la partie dont je m'occupe, et que dans votre intéressant discours à l'assemblée générale de l'Institut, vous n'avez pas cru devoir effleurer ; convaincu que, traitant cette matière, les noms de ceux qui ont participé plus ou moins à sa découverte y auraient trouvé une aussi juste et impartiale appréciation que ceux des savants qui ont ouvert la voie dans la première et deuxième écriture cunéiforme.

Si je m'aventure dans l'examen de quelques points des notions que vous venez de publier, ce n'est point dans le but de juger des valeurs phonétiques que, d'accord avec M. Westergaard, vous attribuez à cette écriture ; mais pour approfondir en quelque sorte l'importante question philologique que vous soulevez sur l'existence des traces d'idiomes nombreux et variés dans le médique.

Qu'il me soit donc permis de vous soumettre, relativement à cette dernière question, les remarques suivantes :

Je partage complétement l'opinion émise avec cette franchise qui vous distingue, que le mémoire de M. Westergaard, quand on examine ce travail de plus près, présente les indices indubitables d'une insigne bonne foi, d'une inaltérable loyauté et d'une vaste érudition ; mais vous convenez en même temps que M. Westergaard n'a pas recueilli tous les fruits de son consciencieux travail, de sorte qu'après sa moisson faite, il a laissé quelques épis à glaner sur le sol qu'il avait parfaitement défriché.

Ces épis (aveu que votre modestie ne vous permet point de faire), c'est vous qui les avez recueillis avec cet esprit ingénieux, don de

____

(1) *Journal Asiatique*, t. XIV, août et septembre 1849.

1

la nature, que le travail seul, quelque aidé qu'il soit par l'intelligence,
ne saurait suppléer, don qui ne fut concédé qu'à peu d'élus, comme
aux Champollion, aux Grimm, aux Lassen, aux Lepsius, aux
Letronne, et que tout homme impartial doit vous accorder.

J'avoue que c'est avec regret qu'ayant étudié le traité de M. Westergaard, j'y reconnus tant d'érudition déployée, permettez-moi le
mot, en pure perte ; il possède les ressorts d'un travail complet, un
rouage parfait dans ses détails, mais que la main du maître n'avait
pas su emboîter dans leur ensemble ; machine qui, munie de tous
les éléments pour la marche, ne pouvait être mise en mouvement.

C'est à vous, Monsieur, qu'il fut réservé de placer une âme dans
ce corps inerte, en tentant d'appliquer aux groupes de caractères
découverts ou déterminés par M. West. l'élément vivifiant de la parole.

Je conviens de la difficulté de la tâche que vous avez entreprise.
Il s'agit du mède, de la langue d'un peuple dont il ne reste aucun
vestige, mais que la Bible, notre unique guide dans la nuit qui
couvre l'origine des peuples, place décidément dans la branche
japhétique, désignée dans la science par le nom d'*indo-germanique*.

Vous admettez, avec tant d'autres philologues, que la deuxième
des écritures trilingues représente l'idiome des Mèdes.

Ce fait admis, il est naturel de chercher pour la langue des
Mèdes des analogies dans les langues de la même famille. Or, de
toutes les langues que l'antiquité nous a conservées, aucune ne se
prête avec tant de vraisemblance que le zend à l'idée qu'il renferme
la langue des anciens Mèdes ; et vous-même mentionnez cet idiome
parmi ceux qui, d'après vos recherches, auraient conservé des traces
évidentes du mède.

Déjà Anquetil du Perron avait adopté l'Atropatie (1), partie
septentrionale de la Médie, comme patrie du zend. Persuadé que
vous avez étudié cette question si importante pour vos recherches
bien mieux que moi, qui n'ai à m'occuper que de l'assyrien, je
croirais inutile de vous rappeler toutes les preuves qu'Anquetil présente à l'appui de cette opinion ; me bornant à mentionner celles
qu'il tire des langues modernes en usage entre la mer Noire et la
mer Caspienne (2), puis de l'identité qui existe entre des noms de
personnes et de lieux de l'antiquité, comparés avec ceux qu'on trouve
dans le zend ; enfin la conclusion à laquelle le savant disciple des

____

(1) Voy. les Mémoires de l'Académie royale des Inscr. et Belles-Lettres, t. XXXI,
p. 365 ; ou Kleuker, *Zend Avesta*. Riga, 1777, t. II, p. 49.
(2) *Ibid.*, p. 368.

Parses arrive à l'aide de l'étymologie même du mot d'Atropatène (1).
Cette dernière preuve est des plus concluantes ; l'Atropatène se présentant constamment comme scène géographique des livres zends.

Il y a quelque difficulté à bien définir les limites de l'Atropatène,
de cette contrée où nous devons admettre que le zend avait existé
comme langue vivante. Cependant, en comparant les données de
Pline (2) avec celles, à la vérité plus obscures, de Strabon (3), en y ajoutant les commentaires de Mannert (4) et de Groskurd (5), nous arrivons
à la confirmation de l'opinion d'Anquetil, que l'ancienne Atropatène
correspond à la province persane actuelle, nommée *Aderbeidjan* (6).

Les vues d'Anquetil du Perron se trouvent confirmées par Rask,
auteur considéré comme une des sources principales de l'étude du
zend, qui de même place cette langue dans la Médie (7), fondant
cette opinion principalement sur l'étymologie du nom d'Aderbeidjan.

Il suffit, pour le but que je me propose, de la présence du
mède dans l'Atropatène ; je ne m'arrête donc point aux auteurs
qui étendent le zend, comme Anquetil lui-même, aux Ariens,
cités dans Hérodote (qui, d'après le Père de l'Histoire, auraient lors
de l'arrivée de Médée échangé ce nom contre celui de Mèdes),
en fondant la supposition de l'existence du zend chez les Ariens
sur des recherches étymologiques (8), ni à ceux qui, comme
Pott (9), cherchent la véritable patrie du zend dans la Bactriane.

Du moment que nous adoptons l'existence du zend dans l'Atropatène, l'idée se présente de chercher, avec quelque vraisemblance, le
mède dans les inscriptions cunéiformes du lac de Van (*Arsissa lacus*)
sur les confins de l'Aderbeidjan, qui, d'après des recherches récentes,
contiennent les éléments japhétiques les plus précis (10), de sorte
qu'on ne saurait les appliquer à l'Assyrie (11).

(1) *Ibid.*, p. 365. Anquetil admet que le nom *Atropatia* est composé d'*Atro*,
feu en zend, et *pate* ou *petoesch*, domaine, etc., ou lieu où on garde le feu. Il
retrouve ce même sens dans le nom corrompu du persan moderne *Aderbedjan*.
Comp., Herb, Bibliot. or., l'art. *Adherbigian*.
(2) Pline, H. N, l. VI, c. xiii, p 327 (*Varior.* 1669).
(3) Strabon, p. 523 (p. 794, ed. de 1707).
(4) Mannert, *Geog. der Gr. u Rom.*, t. V, *Abth.* ii, p. 142.
(5) Groskurd, *Strabons Erdbeschreibung*, 1831, t. II, l. XI, c. xiii, § 2,
p. 421, note 1.
(6) Ritter étend les limites de l'Aderbeidjan vers l'ouest jusqu'en Arménie,
comme il y comprend le lac de Van. Voy. *Erdkunde*, vol. IX, p. 763.
(7) Rask, *Ueb. d. Alter*, etc., *der Zend sprache*. Berlin, 1826, p. 13.
(8) E. Burnouf, *Comm. sur le Yaçna*, note Q, p. xcii et xciii.
(9) Pott, *Indogermanischer Sprachstamm* ; dans *Ersch. und Gruber Encycl.*
Leipz., 1840, t. XVIII, sect. ii, p. 151.
(10) Rev. E. Hincks, *On the inscriptions of Van.*
(11) M. Rawlinson, vu l'incertitude qui règne sur cette écriture, la nomme *Médo-
Assyrienne (Journ. of the R. As. Soc.*, vol. X, part. I, p 25).

En effet, quelque hasardée que paraisse cette hypothèse, elle semble avoir pour elle autant les notions géographiques que les rapports philologiques, récemment reconnus entre l'écriture de Van et les idiomes indo-germaniques. La découverte éventuelle d'inscriptions cunéiformes, autres que les trilingues, dans Ecbatane (*Hamadan*), dans la grande Médie, peut seule confirmer ou détruire cette supposition.

J'arrive donc à la deuxième écriture des inscriptions trilingues, et j'avoue que pour y reconnaître le mède, il faudrait que le déchiffrement de M. Westergaard qui sert de base à vos recherches, vous eût permis d'y trouver des analogies aussi précises avec les langues indo-germaniques, que celles que, toute modestie à part, j'ai reconnues pour l'assyrien, où, avec les lettres que j'ai déchiffrées, je lis des mots sémitiques aussi précis que *rawu*, grand; *anouk*, moi, *sheh*, qui, lequel; *hasa*, celui-ci; *ouka*, un; *benou*, il fit, etc.

Mais tout en admirant les vastes connaissances philologiques qui vous ont permis de retrouver des traces évidentes de la langue que vous traitez, dans le zend, le persan moderne, le kurde, le mongol, l'arménien, le géorgien et la langue des Tsiganes, et surtout dans le turc, permettez-moi de vous rappeler que vous aviez exprimé bien peu de sympathie dans le temps pour mon idée de vouloir trouver du copte, mêlé au sémitique, dans l'assyrien, quoique les recherches d'hommes compétents, tels que M. Benfey, aient eu pour objet dans ces derniers temps de montrer les analogies qui existent entre les langues sémitiques et celle des Égyptiens.

Vous devez donc comprendre, Monsieur, ma surprise de vous voir rassembler pour leur analogie avec ce que vous nommez mède, des langues aussi diverses dans leur origine que celles que vous énoncez. Je n'oserais m'ériger en juge sur celles de ces langues qui sont censées appartenir plus ou moins distinctement aux idiomes indo-germaniques; je ne connais pas ces idiomes, et il me faudrait recourir pour les désinences les plus simples à la grammaire, comme pour les mots les plus ordinaires au dictionnaire.

Mais, comme mon séjour en Turquie m'a quelque peu familiarisé avec la langue de ce pays, je crois pouvoir vous soumettre l'observation suivante :

Le turc n'appartient point du tout aux langues indo-germaniques; c'est un résultat qui n'est que négatif, mais le seul que la science puisse, à mon avis, obtenir.

Du reste si vous consultez les commentateurs les plus célèbres de la Bible, vous n'y trouverez pas plus la mention du turc comme

appartenant à la branche de Japhet, que vous ne rencontrerez de
philologue moderne de quelque autorité qui ait rangé le turc parmi
les langues indo-germaniques, tout en y admettant quelques traces
dues à un des rapports fortuits de ces peuples.

Sous le rapport historique, c'est uniquement une hypothèse basée
sur une analogie de nom, qui pourrait faire considérer Thogarma,
fils de Gomer, comme père des Turcs ; sous le rapport philologique,
on classe les Turcs à part avec les Tartares; et il serait aussi mal à
propos, malgré le nombre de mots arabes qui s'y trouvent, de ran-
ger le turc parmi les langues sémitiques, que de le placer, à cause
des emprunts faits au persan moderne et de quelques mots allemands
que le voisinage y a introduits, parmi les langues indo-germaniques.
Bien entendu du reste que, comme de nos jours ce sont les racines
et les constructions grammaticales qui seules guident dans les recherches des affinités parmi les langues, la construction grammaticale du
turc, si différente dans ses conjugaisons de toutes les langues indo-
germaniques, suffit pour en faire la séparation.

Je dois donc vous avouer que pour la deuxième écriture de Persépolis je considère comme chose impossible d'admettre des analogies
avec le turc comme preuve de la présence d'une langue japhétique;
démonstration qui, il est naturel de le supposer, est indispensable
pour vos recherches.

Vous citez à cet effet plusieurs exemples. J'en mentionne un seul,
celui qui est relatif au mot ciel, que M. Westergaard avait déchiffré
comme *akhokh*, et pour lequel vous reconnaissez une étroite liaison
(p. 159), avec le mot turc كوك. Je conviens de l'analogie qui exis-
terait entre ces deux mots si vous n'aviez pas adopté, d'accord avec
M. Westergaard, pour la deuxième écriture, le système syllabique,
plutôt que celui particulier aux hiéroglyphes et aux langues sémitiques, dont j'ai démontré l'existence dans l'écriture assyrienne; car
je crains que la précision phonétique qui résulte du système syllabique
ne vous autorise point à former des analogies entre *akhok* ou
akhouk avec كوك; comme ce mot ne se lit pas en turc *kouk*,
mais bien *quieuque* (*ghiök*).

Il résulte, selon moi, de cet exemple, et d'autres qu'il me serait
facile de citer, qu'il y a quelque difficulté pour prouver la parenté du
turc avec ce que vous nommez médique, à l'aide des radicaux; d'autre part, les résultats que vous voulez obtenir à l'aide de l'analogie
entre des formes grammaticales, me semblent également difficiles à
prouver; ils sont fondés en partie sur la présence que vous admettez

dans votre médique de la lettre *l*, comme dans les désinences *lar* et
ler des pluriels turcs (p. 123).

Vous semblez affectionner, Monsieur, l'emploi de cette liquide
dans une langue qui suppose que celle de la Médie doit nécessaire-
ment avoir le plus d'affinité avec le zend ; ainsi (p. 123) vous lisez le
mot *ras'arar*, très-grand, de Westergaard, comme *lachalara*. Il est
bien hardi de ma part à moi qui ne suis ni indianiste ni en rapport
avec ceux qui ont tant raffiné sur cette science , d'émettre l'opinion
que vu l'absence de la liquide *l* dans le zend, prouvée par Bopp (1),
tout idiome identique ou du moins analogue (et le mède doit être
considéré comme tel), devrait être également affecté de l'absence
de cette liquide. Ce fait, Monsieur, je n'en saurais douter, vous est
échappé parce que le système de la deuxième écriture (quoique dans
une proportion bien moindre que dans la troisième), offre un nombre de signes bien plus considérable , que le besoin des sons ; de sorte
que toute nouvelle valeur acquise, semble lever un obstacle.

Il serait trop ambitieux de ma part de vous voir adopter pour ob-
vier à ces inconvénients la méthode que j'ai établie pour l'assyrien
dans mon *Exposé* et de vous faire abandonner le système syllabique
formé par Westergaard.

Mais si vous considérez, Monsieur, les difficultés qui, dans votre
mémoire, ont résulté de l'absence de nuances dans la prononciation
entre certains signes, ce qui vous force, faute de variété dans la voix
inhérente, de supposer des changements dans les consonnes mêmes ;
l'idée de recourir pour la deuxième écriture cunéiforme également au
système de mes homophones , pourrait peut-être vous tenter pour
l'avenir ; le résultat alors ne saurait être douteux et serait digne de
votre mérite, persuadé, comme je le suis, que c'est uniquement à
l'obstacle né de la méthode syllabique que je dois attribuer le mé-
compte de voir la deuxième écriture de Persépolis, malgré vos soins
infatigables, encore rebelle à toute interprétation du texte; à tel
point que le titre de Mède, qui lui assignerait sa place parmi les
langues indo-germaniques, ne saurait, à mon avis, lui être continué
que par l'habitude une fois prise de cette appellation.

A vous d'amitié ,   Isid. Löwenstern.

(1) Ce célèbre philologue , dans son exposition de l'écriture zende (*Alphabet*) où
il suit le système de Rask, qui selon lui donne à cette langue une apparence plus
naturelle et plus conforme au sanskrit (comme il reproche à Anquetil (l. c., p. 29),
d'avoir mêlé ensemble, dans son système de prononciation , des faits hétérogènes),
confirme cependant la donnée d'Anquetil sur l'absence de la lettre *l* dans le zend.
Voy. Bopp, *Vergleichende Gramm.* Aht. I , p. 43.

REMARQUES

LA DEUXIÈME ÉCRITURE CUNÉIFORME DE PERSÉPOLIS.

S'il était de mode de nos jours d'employer le style moins réservé des savants du dernier siècle, je changerais mon titre en celui de : *Mémoire dans lequel on prouve, que la deuxième écriture de Persépolis, dite mède, est celle du peuple primitif de la Perse, les Élamites.* Ce serait imiter de Guignes, qui avait intitulé un célèbre opuscule : *Mémoire dans lequel on prouve que les Chinois sont une colonie égyptienne.* Mais quand on n'est point prince de la science comme l'illustre historien des Huns et des Tartares, il est bien mieux d'adopter des allures moins altières et de se contenter de soumettre humblement ses idées dans le texte.

Sans vouloir pousser plus loin ces prolégomènes, je me bornerai à ajouter que, conformément aux vues émises dans ma lettre à M. de Saulcy, publiée dans la Revue du mois de novembre, je persiste dans l'opinion que la deuxième écriture cunéiforme de Persépolis ne montre aucune trace du mède, de sorte qu'il faut recourir pour son explication à toute autre langue.

Je dois dire que, bien avant moi, MM. Lassen et Rawlinson avaient énoncé des opinions analogues ; fait que je m'empresse de mentionner, l'adage

Date Cæsari, quæ Cæsaris, etc.,

devant trouver son application aussi bien dans la carrière scientifique que dans la vie privée.

Le premier de ces savants (1) arrive, à l'aide de plusieurs arguments, à la conjecture que la connaissance de l'écriture aurait été

---

(1) Voy. l'article *Persepolis* dans *Allg. Enc. d. W. u. K.* Leipz., 1842, sect. III. t. XVII, p. 358 et 359.

transmise par les Mèdes civilisés aux Perses barbares, de sorte que les deux peuples (pour lesquels les témoignages précis de l'antiquité n'admettent qu'une seule langue), n'auraient possédé en commun qu'une même écriture. M. Lassen considère donc la deuxième écriture comme représentant la langue des Assyriens, de même que la troisième serait celle des Babyloniens.

Quant à **M.** Rawlinson (1), il se montre indécis sur le type de la langue que la deuxième écriture représente ; or, tout en énonçant qu'elle semblerait appartenir par sa construction générale à l'Arie ; il trouve, d'autre part, que les noms d'objets et les racines des verbes, tels qu'il aurait réussi à les déchiffrer, se rattacheraient principalement à la famille turque (que je m'étonne de lui voir appeler scythique) ; enfin il se dit tout surpris (*startled*), par la rencontre de termes sémitiques nullement équivoques, et jusqu'à des pronoms.

La latitude que le célèbre philologue laisse pour la définition de la langue, s'étend également à la désignation du peuple qui la parlait; mais il compense cette hésitation par une hypothèse des plus heureuses, celle de regarder (dans le cas embarrassant que la deuxième écriture ne saurait être attribuée aux Mèdes), le peuple originaire mais conquis de la Perse, comme celui auquel une copie des fastes nationaux aurait été adressée dans son dialecte particulier.

C'est cette hypothèse dont je veux essayer de prouver la réalité, mais en me limitant à une seule classe de langues.

Les recherches auxquelles je dus me livrer pour l'appréciation de l'intéressant mémoire de **M.** de Saulcy (2), ayant porté mon attention sur l'écriture que ce savant classe de même que **M.** Westergaard, dans le système médique, un examen attentif me convainquit de l'impossibilité de considérer la langue que cette écriture représente comme appartenant à la classe des idiomes indo-germaniques.

Ce point établi, je me livre ici à mon tour à la recherche d'analogies, pour suppléer à celles que j'avais reconnues inadmissibles, et l'investigation que je dirige à cet effet principalement sur les langues sémitiques, a pour résultat de me convaincre que c'est dans l'hébreu, dans le chaldéen et dans le pehlwi qu'il faut chercher les traces de la langue représentée par la deuxième écriture cunéiforme.

En adoptant un peuple d'origine sémitique pour cette langue, je me rattache à une idée formée déjà par des études ethnologiques,

---

(1) Voy. *Journ. of the R. As. Soc.* Lond., 1842, vol. X, part. I, p. 34 à 37.
(2) Voy. *Revue arch.*, nov. 1849.

lors de la publication de mon *Essai de déchiffrement de l'écriture assyrienne*; celle que le Hélam, que la tradition sacrée place parmi les fils de Sem (1), devait expliquer l'existence, bien antérieurement à l'occupation des Arabes, d'un idiome à éléments sémitiques, tel que le pehlwi.

En effet, en trouvant avant la conquête des Arabes, au milieu des idiomes indo-germaniques de la Perse, tels que le zend et le parsi, des traces aussi évidentes de la présence d'une langue sémitique que celles que renferme le pehlwi, on ne saurait douter qu'un peuple de cette souche dût, conformément à la Bible, habiter primitivement la Perse.

Les travaux de l'illustre Sylvestre de Sacy (2), ont suffisamment démontré l'existence du pehlwi sous les princes sassanides. Quoiqu'il ne reste point de traces de l'usage de cette langue sous les princes parthes, étrangers à la Perse, cette circonstance n'empêche nullement d'admettre son existence sous leur domination, ainsi que sous celle des rois achéménéens.

Malgré l'obscurité qui enveloppe le peuple japhétique qui subjugua les Élamites, habitants primitifs de la Perse, son origine scythique, dans Magog, se présente avec le plus de vraisemblance. Cette origine me paraît expliquer la présence des éléments indo-germaniques dans le parsi, en même temps que les traces du sémitique que renferme le pehlwi semblent indiquer un peuple antérieur, issu de Sem.

L'absence de données historiques sur la Perse avant Cyrus, ne me permet point d'établir comme positifs, les faits que je viens d'énoncer; mais on peut juger de leur vraisemblance, par les notions, quelque limitées qu'elles soient, que nous trouvons disséminées dans la Bible et dans quelques auteurs de l'antiquité. Je vais tenter de les rassembler dans une esquisse rapide, particulièrement celle sur l'existence du peuple primitif de la Perse qui, à ma connaissance, n'a point jusqu'à présent attiré suffisamment l'attention des savants.

Nos investigations à cet effet portent sur les contrées limitées au nord par l'Aras (*Araxes*), la mer Caspienne (*Hyrcanum mare*), et par le cours supérieur de l'Amu-Deria, ou Dschihun (*Oxus*) depuis sa

(1) **Voy.** *Essai de déchiffrement de l'Écrit. assyrienne p. l'explication du mon. de Khorsabad.* **Paris,** 1845, note S, p. 30.

(2) **Voy.** *Mémoires sur diverses antiquités de la Perse.* **Paris,** 1793.

source, jusque sous le méridien de Bokhara ; à l'est, depuis le Hindou Kouch (*Paropamisus*), par les chaînes de montagnes qui bordent la plaine au deçà de l'Indus ; au midi par la mer des Indes (*Erythrœum mare*) et le golfe Persique (*sinus Persicus*); à l'ouest enfin par les monts Ararat (*mons Abus*), le *Dagh Ajaghi* (*Zagros*), et le Tigre, depuis sa jonction avec l'Euphrate (*Pasitigris*).

Le pays enclavé dans ces limites comprenait dans l'antiquité : la Médie, la Perse et la Susiane, la Carmanie, la Gédrosie, l'Arie, l'Ariane (1), l'Hyrcanie et la Bactriane. Il contient de nos jours l'Iran (l'empire persan proprement dit depuis 1747), l'Afghanistan (Kaboul et Hérat) et le Béloudschistan.

C'est dans cette vaste région que nous devons admettre comme habitants principaux trois branches différentes, énoncées dans le chapitre X de la Genèse : celle de Madai, (les Mèdes), d'Élam (Perses méridionaux) et de Magog (Scythes, en considérant les Perses septentrionaux comme tels).

Dans les migrations que je suppose avoir été faites par les peuples qui s'établirent dans ces régions, je distingue deux phases différentes, en admettant la première, dans les temps les plus reculés, pour l'immigration des Madaiens et des Élamites; l'autre, plus récente, pour l'arrivée des peuples scythiques.

Parmi les commentaires sur la table ethnographique de la Genèse, le plus ancien comme le plus digne de foi est celui de Flavius Josèphe, suivi par les principaux Pères de l'Église. Le célèbre auteur des antiquités judaïques indique Madai, de la branche japhétique, comme père des Mèdes, d'accord avec la Bible (2), qui, en conservant constamment le nom de Madai pour ce peuple, rend toute discussion superflue. Quant à Élam, Josèphe l'énonce comme origine des Perses (3), et réunit cette branche sémitique à d'autres de la même famille, tels qu'à Assur (Assyriens), à Arphaxad (Chaldéens), à Sinéar (Babyloniens), à Aram (Syriens) et à Lud (Lydiens dans l'Asie Mineure). Vu la contradiction de ce nom d'Élam avec celui de Paras, que dans les autres livres de l'Ancien Testament nous trouvons constamment employé pour désigner les Perses, peuple japhé-

---

(1) Pour la distinction entre ces deux noms, voyez le passage suivant de d'Anville : « Le nom de ce pays (*Aria*) est proprement celui d'une province particulière, et c'est par extension, et en comprenant plusieurs contrées adjacentes, qu'*Ariane* paraît un nom distingué d'*Aria* dans l'antiquité. » *Géogr. ancienne*, v. II, p. 285.

(2) Voy. Genèse, X, 23.

(3) Voy. Flavius Josèphe, *Ant. Jud.*, liv. I, c. vi, § 4 δ'.

tique, le commentaire de Josèphe est ici indispensable. Or, il nous indique la domination des Sémites en Asie comme établie primitivement depuis l'Euphrate jusqu'à la mer des Indes, et nous montre les Perses d'Élam habitant dans l'origine, ainsi que d'autres branches de la même famille (telles que Gether dans la Bactriane), des contrées que, par la suite, nous trouvons occupées par des peuples japhétiques.

Ayant adopté d'une part, sur l'autorité de la Genèse et de Flavius Josèphe, Madai et Élam comme habitants primitifs de la Médie et de la Perse, nous devons admettre d'autre part, d'après l'évidence historique, un peuple japhétique, dominant par la suite dans cette dernière contrée; peuple dont nous ne trouvons aucune mention particulière dans le Pentateuque, mais que nous voyons demeurant, non-seulement sur le domaine primitif d'Élam, que je considère comme la Perse et la Susiane, mais encore répandu dans la Carmanie, la Gédrosie, la Bactriane, l'Hyrcanie, l'Arie et jusque dans l'Inde, le tout compris sous le nom de peuples ariens.

Ce peuple nombreux, dont la Bible ne fait pas de mention distincte, ne saurait être issu que de Magog, Scythes d'après Josèphe, que leur position géographique nous montre au nord de l'Oxus, dans les contrées que les géographes distinguent sous le nom de Touran.

Je vais tenter de suivre les traces disséminées dans l'Écriture et dans les auteurs profanes, pour prouver l'existence primitive d'une nation sémitique dans la Perse, ainsi que la qualité scythique du peuple qui lui succéda dans la domination de cette contrée.

Nous trouvons dans la Genèse (chap. XIV), aux temps d'Abraham : Amraphel, roi de Sinéar (Babylone); Kédor Laomor, roi d'Élam, cités conjointement avec deux autres princes, Arioc, roi d'Élassar, et Tidéal, roi des Gojim (païens), en guerre avec les rois de Sodome, de Gomarra, d'Adama et de Zéboïm.

Sinéar ne demande aucun commentaire, puisque nous lisons dans la Genèse (X, 9 et 10) que le commencement de l'empire de Nimrod était Babylone et trois autres places dans le pays de Sinéar (1). La contrée d'Élassar est moins distincte, mais le nom de son roi, Arioc, qui se retrouve cité dans Judith (chap. I, 6) comme appartenant au maître de la campagne de Ragau (2), dans la Médie, ainsi

______

(1) Voy. Gesenius, *Heb. u. Chald. Handwört.* שנער T. II, 750. Leipz., 1834.

(2) Le P. Calmet, *Dict. de la Bible,* place la campagne de Ragau près de la ville

que dans Daniel (II, 14), où nous le voyons appliqué au bourreau du roi de Babylone, semble indiquer que ce nom était en usage chez les Mèdes et les Babyloniens ; circonstance qui me fait considérer Élassar comme partie de l'empire Assyro-Babylonien (1). Quant à Tidéal, roi des Gojim (étrangers, païens) le sens appliqué à *Gojim* dans la Genèse (X, 5), semble indiquer les nations japhétiques de l'Ouest.

Si les noms des contrées citées dans ce passage remarquable de l'histoire du patriarche nous offrent quelque difficulté, celui d'Élam, qu'il nous importe principalement de bien définir, se trace à son tour heureusement de la manière la plus distincte.

Sans parler de l'analogie qui existe entre le nom d'Élam avec Élymays, ville et contrée de la Perse citées dans de nombreuses sources (2), je m'arrête à cette preuve convaincante qu'Élam signifiait la Perse dans les temps antérieurs, que nous fournit le passage suivant de Daniel (VIII, 2) : « En me voyant alors au château de Susa, dans le pays d'Élam (3)... »

Or, le château de Susa, שׁוּשַׁן חבירה (*Schouschan habiro*) du pays d'Élam dans Daniel, est le même que le château de Susa du pays de *Paras* dans Esther (I, 3), et que le château de Susa (Σούσοις ἄκρα) dans Diodore de Sicile (XIX, 17) ; de sorte que l'identité de la contrée de Paras avec celle d'Élam (dont Esaïe nous a conservé une description si appropriée à la Perse, XXII, 6 : *Car Elam arrive avec le carquois, le char, les fantassins et les cavaliers, et Kir brille avec les boucliers,* » (4)) est évidente.

Il me reste, ayant adopté un peuple sémitique comme habitant primitif de la Perse, à rechercher l'origine de celui que nous retrouvons sous le nom de Paras, occupant cette même contrée.

de Ragæ ou Rages (Tobie, I, 16 et IX, 3), située sur les montagnes d'Ecbatane (Tobie V, 9).

(1) Voy. Gesenius, *Heb. u. Chald. Handwört*, I, p. 125.

(2) Flavius Jos., *Ant. Jud.*, liv. XII, ch. ix (1 z'), *Maccabées*, l. I, ch. vi, 1. Strabon, 744, *Diod. Sic.* XIX. — Comp. C. Cellarius, *Geogr. ant.*, lib. III, cap. xix, sect. iii, xix, et Forbiger Handb. d. alt. Geogr. II, 583.

(3) Voir sur les ruines de Susa et de son château (Kala), *Ritter As.*, VI, II *Abth.*, p. 294, seq.

(4) *Kir* (קיר) supposé par Gesenius (Handw. ut sup. II, 482 (3)), le nom d'un peuple et d'une contrée sous la domination des Assyriens, située selon lui probablement près du fleuve Cyrus, entre les mers Noire et Caspienne. Il cite les Rois, II, ch. xvi, 9, Amos, I, 5 et IX, 7. Voir aussi Michaelis, *Biblia Hebr.*, *Halae Magd.*, 1720, qui désigne *Kir* comme nom d'une ville en Albanie ou Médie, et renvoie aux mêmes sources.

Un voile impénétrable couvre l'histoire de la Perse depuis l'époque où, vingt siècles avant Jésus-Christ, nous avons vu les Élamites cités dans la vie du patriarche, jusqu'à six à cinq siècles avant cette ère. Alors seulement une contrée, la Perse, nous apparaît prenant son rang dans les annales du monde par le génie de son souverain, Cyrus.

Pour juger de l'origine du nouveau peuple qui l'occupe, le manque de données positives dans la Genèse m'oblige d'avoir principalement recours à l'appréciation de ses mœurs et de ses coutumes. Le peuple que nous rencontrons sous Cyrus ne décèle point un degré de civilisation en harmonie avec l'existence policée d'une nation sédentaire sur les mêmes lieux pendant quinze siècles. Environnés de nations opulentes livrées au luxe des Orientaux, les Perses du temps de Cyrus seuls conservent l'énergie et la simplicité qui caractérisent le nomade ; qualités qui les désignent à mes yeux comme descendants de ces peuplades nombreuses que les anciens comprenaient sous le nom de Scythes.

Pour se former une idée de l'analogie que le Perse japhétique présente avec le Scythe, c'est à l'ouvrage incomparable de Xénophon, la *Cyropédie,* qu'il nous faut avoir recours. Malgré le charme répandu dans les récits d'Hérodote et la loyauté habituelle qui y règne, ses notions sur la Perse ne sauraient être comparées avec celles du chef des dix mille. C'est à tort, selon moi, que l'on n'a vu généralement, dans la *Cyropédie,* qu'un roman philosophique destiné à démontrer aux Grecs les avantages de la monarchie. Xénophon, plus que tout autre, par son séjour en Perse, avait été à même de choisir les matériaux de son histoire ; l'emploi que nous lui voyons faire du mot λογοποιοί (compilateurs de faits inventés) (1), prouve sa sollicitude pour ne puiser que dans des sources dignes de foi.

Tout, dans sa peinture des mœurs du peuple de Cyrus, décèle le contraste le plus complet avec les peuples limitrophes en deçà du Tigre, et une analogie très-prononcée avec les peuples nomades de la Scythie. Ce n'est qu'après la conquête de Babylone (2) que nous voyons Cyrus introduire chez les Perses le luxe oriental, les modes et les vêtements des Mèdes (3); mais son gouvernement reste encore

(1) Xenoph. Op. Oxon. Sheldon, 1703, *De Instit Cyri,* l. VIII, cap. v, 13.
(2) Xen. Op. ut sup. I, l. VIII, c. i, 4.
(3) L. c. cap. iii, 1.

éloigné du despotisme asiatique que son père Cambyse, sur son lit
de mort, le supplie de ne point introduire chez les Perses (1).

Si donc nous comparons les mœurs des Perses du VI⁰ siècle avant
l'ère chrétienne avec celles des Scythes (2), peuple évidemment japhétique, la supposition qui les ferait considérer comme issus de ces
derniers devient des plus vraisemblables. Quant aux preuves historiques à l'appui de cette opinion, je conviens de leur insuffisance.

Quelques faits néanmoins semblent la confirmer; je cite comme tel
le passage si connu de Justin (liv. **XLI**, cap. ı) sur l'origine scythique des Parthes (*Parthi.... Scytharum exsules*), qui présentent de
nombreux rapports, indices d'une même origine avec les Perses japhétiques (3), rapports qui, d'après Justin (4) et Strabon (5), s'é-
tendent encore aux Bactriens et Sogdiens, de sorte que la présence
des Scythes paraît prouvée dans une partie du moins de l'empire
persan.

Un autre fait à prendre en considération, c'est l'invasion des Scythes du Pont-Euxin dans la Médie et dans l'Asie Mineure (relatée
par Hérodote, I, 103 à 106) au VII⁰ siècle avant J. C., date qui
s'accorderait avec la présence d'un peuple scythique dans la Perse
qui (le supposant plus heureux que ses frères dans les régions voi-
sines) aurait conservé sa conquête. L'étendue que les anciens
auteurs donnent à la Scythie, dont des tribus puissantes, les Saques
et les Massagètes (probablement berceau de la nation (6)), occu-
paient les contrées au nord de la mer Caspienne et du Iaxartès
(l'Araxe d'Hérodote (7)), y compris la Sogdiane, au midi de ce
fleuve : cette position géographique si vaste se prête à l'hypothèse
que des Scythes furent également conquérants des Élamites ; d'autant
plus, que l'idée d'attribuer aux Scythes une langue analogue à celle
reconnue chez les peuples de l'Arie, devient probable par le célèbre

(1) L. c. VIII, c. v, 12.
(2) Herod. IV, 59 et seq.
(3) Voy. Forbiger, *Handbuch der all. Geograph.*, II, 547.
(4) Justin, lib. II, cap. ı. « Quippe quum ipsi (Scythi)... Parthos Bactrianosque..
« regna condiderunt. »
(5) Strabon, 511 : Εἶθ' ἡ Βακτριανή ἐστι καὶ ἡ Σογδιανή· τελευταῖοι δὲ Σκύθαι Νομάδες.
(6) D'Anville, l. c. II, 316. « Cyrus attaquant les Massagètes sur le Iaxarte, avait
bien pour objet d'étendre sa domination dans la Scythie asiatique, qui paraît avoir
été le berceau de la nation, quelque dispersée qu'on la voie autre part. »
(7) Heeren. *De la Pol. et du Comm. des peuples de l'ant.* Trad. p. Suckau.
Paris, 1830, II, 326. Le célèbre Heeren regarde l'Araxe près duquel Hérodote place
les Massagètes, comme identique avec le Iaxarte.

passage de Strabon, où, vers le nord, il étend encore (1) la conformité de langage presque complète qu'il admet entre les Perses et les Mèdes, à ces Bactriens et Sogdiens que nous l'avons vu allier aux Scythes. Nous voyons enfin jusqu'à un peuple scythique sur les bords de l'Indus, les Indo-Scythes (2), auquel Salmasius attribue une langue identique avec le persan (3).

Il me reste à citer une dernière preuve que je ne veux point omettre, quoiqu'elle soit moins directe, c'est celle qui résulte, selon moi, d'une donnée d'Hérodote (4) qui désigne les Sauromates (pères des Slaves) comme issus des Scythes. Or, les langues slaves étant reconnues comme appartenant à la branche des langues indo-germaniques, cette circonstance ajoute à la probabilité que les Scythes, descendants de Magog, parlaient un idiome japhétique.

Toutes ces preuves me paraissent en faveur de l'hypothèse de l'origine scythique des Perses de Cyrus, peuple japhétique que, sous le nom de Paras, nous retrouvons depuis le VIe siècle dans l'Écriture sainte sur les lieux mêmes où du temps de Kédor Laomor, existait le royaume sémitique d'Élam.

Mais nous ne saurions considérer, sous les premiers successeurs du grand monarque, ces deux peuples comme amalgamés, pas plus que leur langue. De même donc que pour les contrées situées entre le Tigre et l'Indus, nous avons adopté, comme dominantes, trois populations différentes, les Mèdes, les Élamites et les Paras; de même, nous y rencontrons trois langues principales, le zend, le pehlwi et le parsi.

(1) Strabon, p. 724 : Ἐπεκτείνεται δὲ τοὔνομα τῆς Ἀριανῆς μεχρὶ μέρους τινος καὶ Περσῶν, καὶ Μήδων καὶ ἔτι τῶν πρὸς ἄρκτον Βακτρίων, καὶ Σογδιανῶν· εἰσὶ γάρ πως καὶ ὁμόγλωττοι παρὰ μικρόν.

(2) Forbiger, ut sup. II, 493.

(3) Salmasius *de Hellenistica*. Lugd. Bat., 1643, p. 379. Le passage du docte Suumaise est des plus remarquables; j'en cite l'extrait suivant : « Præterea Indi sive Indoscytbæ eadem dialecto utebantur, qua hodierne Persæ. Omnia quippe vocabula quæ Indica esse scribit Ctesias, in Indicis, Persica sunt, et a Persica dialecto quæ hodie est in usu deduci possunt......... Reliquæ omnes dictiones, quas pro Indicis recenset Ctesias in opere cognomine, in Persica hodierna lingua deprehenduntur minima mutatione. Inde apparet Indica illa Ctesiæ Indoscythica esse, et Persicam proinde linguam quæ hodie viget, ab illis Indoscythis manasse vel ab iisdem Scythis qui in Indiam descenderunt, quum in Parthicam quoque ejusdem gentis homines migrassent, originem traxisse. »

(4) Herod., IV, 110, fait naître les Sauromates de l'union des Scythes avec les Amazones. En abandonnant à la fable la part qui lui revient, l'histoire y trouve la sienne, puisque cette donnée d'Hérodote, vu les analogies que l'on ne saurait méconnaître entre Scythes et Sauromates, offre bien plus de vraisemblance que la notion de Diodore de Sic., II, 43, qui fait descendre les Sauromates des Mèdes.

Je considère le zend, ainsi que j'en ai démontré la probabilité dans ma lettre à M. de Saulcy, comme la langue de la Médie; le pchlwi, dans un état primitif, comme celle des Perses sémitiques; le parsi enfin comme la langue des Perses japhétiques.

Je crois qu'il résulte de ces déductions historiques la probabilité pour l'existence du peuple sémitique qui précéda les Scythes; et je ne saurais douter que des traces de sa langue ne se retrouvent conservées dans la deuxième écriture de Persépolis qui, je suppose, représente le pehlwi sous la forme qu'il aurait possédée du temps des Achéménéens.

Je dois dire, avant tout, que je ne considère point le pehlwi des livres liturgiques dont Anquetil publia des glossaires, comme devant reproduire d'une manière identique la langue renfermée dans la deuxième écriture de Persépolis, pas plus que la langue des inscriptions de Nakhschi-Roustam déchiffrées par Sylvestre de Sacy, ne représente le pehlwi tel qu'il nous est connu (1). J'ai trouvé, et les exemples que je présente à la fin de cet écrit en fourniront la preuve, qu'il faut recourir pour le déchiffrement de cette écriture plutôt aux racines dans les langues sémitiques qu'au pehlwi, vu l'état dégénéré dans lequel cette langue est arrivée jusqu'à nous. Le pehlwi, tel que nous le connaissons, date tout au plus du temps des Sassanides, dont le fondateur Ardeschir Babégan (Artaxerxe Ier) vécut au IIIe siècle après J.-C. (l'an 226 (2)), tandis que les inscriptions de la deuxième écriture cunéiforme remontent aux rois achéménéens, séparés des princes sassanides par les successeurs d'Alexandre le Grand (depuis sa mort, 324 avant J.-C.), et la race des princes arsacides dont Aschek (Arsaces, 256 ans avant J.-C.) fut le premier (3). On peut donc compter un intervalle de cinq à six siècles depuis l'époque où les inscriptions furent sculptées et le règne de ces rois indigènes, les Sassanides, où nous retrouvons des monuments en langue pehlwi (4). Quant aux liturgies des Guèbres, traduites du zend dans cette langue, l'époque où elles furent exécutées est difficile à préciser (5).

---

(1) Voy. S. de Sacy, *Mém. s. l. Insc. de N. R.*, p. 123. « ... Les mots des inscriptions.... peuvent être expliqués par la langue pehlwie, ce qui autorise à les regarder comme des monuments de cette langue, ou du moins d'un dialecte peu différent. »

(2) C. F. Richter, *Hist. Krit. Versuch. üb. d. Arsac u. Sassan. Dyn.* Leipz., 1804, p. 156.

(3) Richter, ut sup., p. 21.

(4) Sylv. de Sacy, *Inscr. de Nakschi Roustam*, p. 123.

(5) Spiegel (*Die Persische Sprache und ihre Dialecte* dans *Zeitschrift für*

Quel que soit néanmoins l'état dans lequel le pehlwi nous est parvenu, il est considéré par tous les philologues, sans exception, comme renfermant les racines sémitiques les plus distinctes; et il n'est pas jusqu'à sa construction grammaticale, quelque peu explorée qu'elle soit encore, qui ne diffère essentiellement des langues indo-germaniques. Ce fait est le plus saillant dans l'étude de cette langue sur laquelle on chercherait en vain, malgré les progrès que la philologie a faits de nos jours, des notions complètes. ʹ

Il nous faut avoir recours, à cet effet, principalement aux conjectures qu'Anquetil Du Perron établit sur cette langue, et qui me paraissent moins heureuses que celles du même auteur sur le zend.

Or, Anquetil, tout en reconnaissant l'antiquité de cette langue, ainsi que les avantages qu'elle présente pour l'explication des livres de Zoroastre, ne voit dans les ouvrages pehlwi que des traductions anciennes du zend, langue dont il croit le pehlwi né originairement, et altéré par la suite (1). Il fait cependant sur l'autorité des Parses, remonter le pehlwi au delà de Zoroastre (2), et croit que déjà au IIIe siècle de l'ère chrétienne cette langue n'était plus d'un usage général (3). Je ne m'arrêterai point aux suppositions d'Anquetil sur les contrées où, selon lui, le pehlwi avait eu cours (4); mais je crois devoir citer celle qu'il tire des auteurs persans (5).

« Le mot pehlwi vient de Pehlou, père de Parès et fils de Sam (Sem), qui était fils de Nuh (Noé).... Plusieurs disent qu'il dérive de Pehlou, pays où sont situées les villes de Rey, d'Ispahan et de Dinour, c'est-à-dire que c'était la langue des hommes de cette contrée. »

L'un des antagonistes les plus décidés d'Anquetil, sir William Jones, que le désir d'amoindrir les découvertes de son fortuné rival, rendait très-partial dans son appréciation du zend (6), langue à la-

---

die Wissenschaft der Sprache v. Dr. A. Hoefer. Berlin, 1845, vol. I. p. 64), veut placer les traductions pehlwi, ajoutées généralement au texte zend du Zend-Avesta, dans la même époque que les inscriptions de Nakschi Roustam déchiffrées par S. de Sacy.

(1) *Mém. de l'Acad. des I. et B.-L.*, t. XXXI, p. 409.
(2) L. c. p. 406.
(3) L. c. p. 407.
(4) L. c. p. 407.
(5) L. c. p. 407.
(6) *Asiatic Researches*, V. II, p. 50 et C. *W. Jones works*, v. I. 80.

quelle il voulait contester jusqu'à son nom (1), voit néanmoins dans le pehlwi, malgré ses doutes sur l'existence d'ouvrages authentiques dans cette langue, un dialecte chaldéen, et par conséquent sémitique.

Parmi les philologues modernes qui ont émis leurs idées sur le pehlwi, nous rencontrons Pott (2), qui suppose sans aucun fondement, que le pehlwi aurait été la langue des Parthes ; Lassen (3), qui nomme le pehlwi une langue mêlée avec des éléments sémitiques, à laquelle il assigne son domaine aux frontières orientales de la Perse, en même temps qu'il l'énonce comme langue officielle du temps des Sassanides : Burnouf (4), qui adopte que le texte zend des livres de Zoroastre a été traduit à une époque inconnue dans le pehlwi, qu'il dit différer considérablement du zend, les idiomes appelés sémitiques en formant en grande partie le fond. On peut se convaincre par ces données du peu de notions qui existent sur le pehlwi, mais qui toutes s'accordent à reconnaître les éléments sémitiques comme les plus prononcés dans cette langue.

Quelle que soit l'incertitude sur l'origine de la langue pehlwi, je crois pouvoir citer une circonstance qui prouve la haute antiquité d'un peuple qui apparaît sous ce nom.

Le nom de Pahlawa se rencontre dans un ouvrage indien, attribué aux temps les plus reculés, le Ramajana, et cité conjointement avec celui de Sakas (Saques, Scythes) et de Javanas (Ioniens, Grecs) (5). Nous voyons donc figurer ce nom dans un poëme dont la haute antiquité ne saurait être révoquée en doute, puisque des scènes du Ramajana se trouvent sculptées dans les grottes d'Ellore (6), auxquelles le style des monuments, autant que la forme surannée du sanscrit dans les inscriptions, assigne une date tout au moins au delà de l'ère chrétienne ; sans même remonter avec Langlès, neuf siècles avant J.-C., pour l'époque de leur construction (7).

Je m'arrête à ces notions sur l'âge de cette langue et sur le ca-

---

(1) Un sort semblable paraît menacer le pehlwi ou pehlevi que les philologues modernes nomment de préférence huzvaresch. Comp. Müller, *Journ. Asiat.*, 1839, p. 338, et Spiegel, l. c. p. 65

(2) *Indog. Sprachst.* dans *Encycl.*, sect. II, t. XVIII, p. 52.

(3) *Encycl.*, sect. III, t. XVII. Art. Perser (*Sprache*), p. 477.

(4) *Comm. s. l. Yaçna, Av.-Propos*, p. VII.

(5) Voy. *Ramayana*, traduzione italiana, p. G. Gorresio. Paris, 1847. « Venneio « prodotti allora a cento a cento i Pahlavi... » P. 149. — « Ella produsse i fieri Saci, « misti insieme cogli Javani... » P. 150.

(6) Bohlen, *Das alte Indien*. Königsberg, 1830, t. II, p 78-81.

(7) V. Heeren, *De la pol.* etc., *des peupl. de l'ant.* Paris, 1831, t. III, p 57. seq.

ractère sémitique de la plupart de ses racines, que les vocabulaires si incomplets d'Anquetil nous fournissent.

Quant aux formes étymologiques et grammaticales du pehlwi, elles ne nous sont connues que de la manière la plus incomplète. Anquetil qui, ici encore, reste notre principal guide, fait déterminer par le sens (1) la différence entre nombre de lettres, qui toutes n'auraient pas une valeur fixe ; il ajoute néanmoins la circonstance intéressante pour nos vues, que des points généralement omis, marquent la signification de quelques lettres, ce qui rappelle le principe massorétique ; en même temps que les voyelles brèves (l'*a* excepté) ne s'écrivent point ; aussi la plupart des voyelles zendes disparaissent-elles dans l'écriture pehlwi et surtout à la fin des mots.

Il serait inutile de faire suivre les observations d'Anquetil des raisonnements de Wahl (2), qui, malgré tous ses commentaires, n'arrive au fait qu'aux mêmes conclusions.

Le docteur Müller s'est occupé dans son travail, publié dans le *Journal Asiatique*, principalement de la partie étymologique et euphonique de la langue. Il énonce, conformément aux notions d'Anquetil, qu'un seul signe a quelquefois deux sons, tels que *n* et *w*, représentés par le même caractère (3) ; mais il dit cette homonymie des lettres (terme qu'il emploie) bien plus limitée, tout en l'admettant dans son principe. Quant à sa donnée grammaticale la plus importante (4) relativement à l'analogie entre le datif et l'accusatif pehlwi avec ces mêmes cas dans le persan moderne, elle se trouve déjà émise par Anquetil (5).

M. Olshausen enfin, l'auteur d'un écrit plus récent (6), admet

---

(1) Anquetil, *Mémoires*, ut sup., t. XXXI, p. 399, dit que le sens détermine la différence de l'*a* à l'*h*, de l'*n* au *v*, du *v* à l'*o* et à l'*ou*, de *l* à l'*r*, du *p* au *ph*, *z*, *j*, du *d* au *t*, de l'*h* à l'*s*, au *sch* et au *k*.

(2) Wahl, *Allg. Gesch. d. morg. Sprachen.* Leipz., 1784, p. 223, seq.

(3) *Journal Asiatique*, avril 1839, p. 325.

(4) *Journ. As.*, l. c. p. 312.

(5) *Mém. de l'Acad.*, ut sup., p. 406.

(6) Olshausen, *Die Pehlewi Legenden.* Kopenhagen, 1843, p. 9. « Ich denke... zunächst nicht an jene eigenthümliche Unvollkommenheit, welche die Pehlewische Schrift mit ihrer alt semitischen Mutter... theilt, dass sie nemlich eine constante Bezeichnung der Vocale verschmäht.. auch denke ich nicht vorsugsweise an jene Reduktion sämmtlicher Hauchlaute auf ein einziges Zeichen, welche im Pehlewi Alphabet statt-hat... Ich denke vielmehr hier vor allem an die im Pehlewi Alphabet eingetretene, theilweise wenigstens von der erwähnten älteren Persischen Schrift ererbte äussere Vermischung ursprünglich ganz verschiedener Zeichen für sehr verschiedene Laute, in Folge deren nunmehr insbesondre für die Buchstaben *w* und *n* ebenso für *j*, *g*, *g'* und *d* ganz gleiche Zeichen angewandt werden. Da nun

également dans un passage concis cette même particularité de quelques lettres qui, dans mon *Exposé*, me fait, relativement à l'assyrien, leur appliquer le nom d'homotypes (1); mais sans qu'il s'occupe non plus des formes grammaticales du pehlwi.

Je me borne à ces citations, celles d'autres philologues sur cette matière étant moins complètes encore; je dois néanmoins rappeler la donnée de Bohlen (2), qui, dans un intéressant opuscule, dit que les mots du pehlwi (dialecte anciennement si analogue au sémitique) auraient été fréquemment composés en joignant à la racine sémitique des terminaisons étrangères (persanes).

Il résulte de toutes ces investigations que le pehlwi qui possède les racines sémitiques les plus distinctes, diffère, à cet égard, essentiellement du persan moderne qui, les noms arabes introduits dans la langue exceptés, présente une apparence entièrement indo-germanique. Je dois néanmoins faire remarquer que relativement à sa construction grammaticale, le persan moderne s'éloigne de cette dernière classe de langues sous plusieurs rapports, qui le rapprochent des langues sémitiques.

Le nombre d'ouvrages qui traitent de la comparaison du persan moderne avec les langues indo-germaniques est très-considérable; mais il n'en est pas de même pour ceux où il s'agirait de ses analogies avec les langues sémitiques.

Il faut remarquer que ce fut le persan qui le premier détermina l'étude comparée des langues; on se livra aux recherches auxquelles il donna lieu depuis le milieu du XVIe siècle, où furent reconnues ses analogies avec l'allemand, ainsi qu'avec le grec. Wolfgang Lazius, né en 1515, mort en 1565 (3), fut le premier qui établit ces dernières, puis Saumaise; mais elles n'attirèrent que faiblement l'attention. Quant aux rapports du persan moderne avec l'allemand, nous voyons deux périodes différentes dans leur étude; la première, qui se borne à la poursuite de la similitude du son dans les mots;

die Zeichen durch welche nöthigenfalls und besonders in langer Sylbe die Vocale *a, i* und *u* (oder *o*) angedeudet werden können, eben das Zeichen für die Hauchlaute, das für *j* (und *g, g', d*). und das für *w* (und *n*) sind, so entsteht..... Verwirrung. »

(1) Exposé, p. 73.

(2) *Symbolæ ad interpretationem, Sacr. Cod. in ling. pers.* Leipz., 1822, p. 13. « ...Pehelvicam dialectum, modo genuinum sit Anquetilii glossarium, arctissime olim cum semiticis cohæsisse; deinde, assumtis terminationibus exoticis, magis magisque deflexisse. »

(3) *De gentium aliq. migrationibus.* Francof., 1600, p. 21.

l'autre, plus récente, où fut reconnue la méthode basée sur la recherche des racines et sur l'analyse de la grammaire.

Depuis Franciscus Raphalengius (1) (né en 1537, mort en 1597), Juste Lipse, Hugo Grotius, Salmasius, l'incomparable Leibnitz, Wachter, Ihre, jusqu'à Hammer, les rapports entre les deux langues furent suivis à l'aide de la méthode si incertaine de la comparaison de mots isolés. Ce ne fut que de nos jours que les Grimm, Bopp, Lassen, aidés par la découverte des anciens idiomes de l'Asie, adoptèrent le principe de la recherche des analogies entre les langues au moyen de procédés critiques; le persan moderne, en particulier, sans se trouver soumis dans les ouvrages de ces savants éminents à des investigations spéciales, fut cependant constamment l'objet de leur attention et de celle des indo-germanistes.

Je dois faire observer que ce furent ces derniers seulement qui consacrèrent leur critique à l'étude comparative du persan ; de sorte que la qualité japhétique de ses racines fut mise hors de doute, en même temps que l'examen des rapports grammaticaux fit découvrir des désaccords avec le système indo-germanique, assez remarquables pour fixer toute notre attention, et mériter l'étude particulière d'hommes compétents dans les langues sémitiques.

Le persan moderne présente ce manque d'inflexion qu'on attribue au pehlwi. Ce défaut est constaté par des savants auxquels assurément on ne pourrait adresser le reproche de vouloir séparer cette langue de la branche indo germanique.

M. Lassen (2) reconnaît au persan moderne plus que de la régularité, il trouve même la construction de cette langue tellement simple, qu'il croit pouvoir la comparer à celle de l'anglais ; opinion qu'il base sur son manque d'inflexions pour le genre et le nombre, et sur l'absence entière des formes qui existent pour la déclinaison dans les langues anciennes, dont l'organisme ne reparaît qu'imparfaitement dans la conjugaison des verbes.

Spiegel (3) se prononce dans le même sens; il considère les lois de l'inflexion pour cette langue, comme extrêmement pauvres et dans une dissolution complète, et déclare la distinction du genre à l'aide de désinences comme tout à fait hors d'usage. Quant aux causes de

____

(1) Voy. Vulcanius de Smit (*De literis et ling. Getarum sive Gothor.* Lugd. Bat., 1597.

(2) *Encyclopédie d. Wiss. et Künst.; Art. Perser (Sprache)*, sect. III, t. XVII, p. 484.

(3) *Die Persische Sprache u. ihre Dialecte.* ut supr., v. I, p. 218.

cette pauvreté d'inflexions du persan, ce savant l'attribue (1) à l'absence éventuelle de toute science grammaticale chez les anciens Perses, ou à la perte des notions grammaticales, en même temps que la signification des mots se serait conservée.

Sans m'aventurer dans l'appréciation de ces causes, le fait même me paraît acquis, celui de l'absence dans le persan moderne de ces mêmes inflexions, que les langues auxquelles il se rattache par ses racines, et surtout le sanscrit, possèdent en abondance et dans un état de perfection.

Il en résulte pour moi la conviction que le manque d'inflexion dans le persan moderne le rapproche du système des langues sémitiques, dans lesquelles cette même particularité se manifeste.

Je conviens qu'il est difficile d'établir des lois pour la séparation des langues dans des divisions générales ; on admet néanmoins tels indices qui se prêtent à cette sorte de classification. Nous voyons en effet Friedrich Schlegel (2), diviser les langues en deux classes, entièrement opposées l'une à l'autre. Dans l'une, les modifications de la signification se trouvent indiquées par le changement intérieur du son radical, par l'inflexion ; dans l'autre par l'annexion d'un mot particulier. Quant à certaines langues, telles que l'arabe, où les particules annexées se présentent parfois tellement amalgamées avec le mot principal, qu'elles sont presque méconnaissables, cette apparence de flexion disparaît par l'investigation ; comme celle des personnes des verbes, où l'annexion des particules reste constamment distincte (3). Gesenius (4) donne aux principes énoncés par Friedrich Schlegel une application plus systématique, en classant dans la catégorie du grec et de l'indien (japhétiques) les langues où les conceptions proportionnelles et les idées accessoires du sens primitif sont désignées par l'inflexion ou le changement intérieur et la déclinaison du son radical ; il range à leur tour l'hébreu et les langues parentes dans la division opposée : celle où des mots ou particules désignant les modifications de la racine, sont ajoutés à cette dernière comme suffixes ou préfixes, jusqu'à s'amalgamer plus ou moins, de sorte que souvent une autre espèce d'inflexion en résulte.

J'abandonne à plus compétent le soin de l'appréciation de ces

<hr>

(1) L. c., p. 74.
(2) *Sprache und Weisheil der Indier.* Heidelberg, 1808, p. 44-45.
(3) L. c., p. 48.
(4) *Lehrgebœude d. Hebr. Sprache.* Leipz., 1817, p. 189.

vues (1) ; quant à moi, j'adopte sans hésiter l'application des principes qu'elles renferment pour le persan ; et ils me paraissent désigner cette langue comme se rapprochant distinctement sous le rapport grammatical de la division sémitique.

D'autres observations encore ont dû me confirmer dans cette opinion. Elles concernent deux points importants, la racine des verbes, et la forme grammaticale nommée dans les langues sémitiques le *status constructus*.

La racine des verbes dans les langues indo-germaniques est ordinairement difficile à distinguer, et on ne saurait établir de loi immuable à cet égard, à tel point que les opinions des philologues varient sur la forme grammaticale qui la renferme (2), et cela parfois pour une même langue. Nous voyons donc dans les principales de ces langues, le radical du verbe placé par les philologues tantôt dans le présent où (à défaut de racine verbale exclusive, comme dans le sanscrit), dans le nom au locatif; tantôt dans l'infinitif ou dans le participe présent; enfin jusque dans l'aoriste grec et le supin latin.

Dans les langues sémitiques, au contraire, la racine se trouve constamment précisée dans une même forme verbale, celle de la troisième personne du prétérit de la voix active, comme dans l'arabe (3), dans le syriaque (4), et à quelques exceptions près dans l'hébreu (5). Nous remarquons la même particularité dans le persan moderne, et Wilken constate que la base de la conjugaison se trouve pour cette langue dans la troisième personne du passé défini, de même que chez les Arabes, les Hébreux et les Syriens (6).

(1) Voir Fürst, *Lehrgebœude der Aramœischen Idiome mit Bezug auf die Indo-germanischen Sprachen Chaldâische Gramm.* Leipz. , 1835 , § 115, p. 103, qui combat les vues de Schlegel sur les indices caractéristiques de séparation énoncés par ce dernier entre les langues sémitiques et la division sanscrite. Fürst n'admet, § 116 , la possibilité de distinguer ces deux branches que dans la propriété du sanscrit (qu'il nomme *Compositionseigenthümlichkeit*), de se prêter à l'extension de la racine, à son augmentation, même par consonnes , etc.

(2) Wilson, *Sanskr. Grammar.* Lond., 1841, p. 104. — Bopp, *Lehrgeb. d. Sanskr. Spr.* Berl. 1827, p. 72 et 155. — Buttmann, *Ausführl. Griech. Sprachl.* Berl., 1827. I, 374 , II, 26. — Habich et Berger, *Elem. Gr. d. lat. Spr.* Hamb , 1842 , p. 150. -- Schmitthenner, *Ursprachl.* Francf. a M., p. 170 et 171. — Heyse *Theor.*, *Prakt. Deutsche Gr.* Hannov, 1838, v. I, p. 651. - Pott, *Etymol. Forsch.* Lemgo, 1833, I, 31.

(3 S. de Sacy, *Gr. arabe.* Par., 1831, I, 1, § 257, p. 123.

(4) C. B. Michaelis, *Syriasmus.* Halæ Magd., 1741 , p. 31. — Uhlemann , *Elem. d. Syr. Spr.* Berl., 1829, p. 29.

(5) Gesenius. *Ausf. gr. kr. Lehrgeb.* Leipz., 1817, p. 230.

(6) Wilken, *Inst. ling. Pers.* Lips., 1805, p. 33. « Verus autem temporum fons « est tertia præteriti infiniti persona pariter ut apud Hebræos, Arabos, Syros. »

L'autre point est celui relatif au *status constructus* dans la formation du génitif pour les langues sémitiques, que nous allons suivre dans l'hébreu. Vu l'absence dans cette langue de désinences pour les cas, qui serviraient à indiquer le sens des noms, la place que ces derniers occupent dans la formation de la période, n'est pas aussi indifférente que dans les langues indo-germaniques (1), où le nom qui explique et restreint l'idée d'un autre nom, comme il se montre dans une forme particulière, celle du génitif, peut aussi bien suivre que précéder l'autre. Mais dans l'hébreu, le nom qui sert à déterminer un autre nom d'une signification différente, doit constamment occuper la place à la suite de l'autre, et contrairement à l'usage reçu dans le grec et le latin, où le nom qui sert de complément est au génitif ou à l'ablatif, c'est dans l'hébreu au nom qui demande le complément que le changement dans la terminaison s'applique.

Cette forme n'est pas limitée à des substantifs, elle s'étend encore à la combinaison de substantifs avec d'autres parties.du discours (2).

Or, c'est cette même forme syntaxique que le persan présente de la manière la plus distincte. Wilken (3), dans son excellente grammaire, nous informe que les Perses expriment le génitif tout à fait comme les Hébreux, non dans le régime, mais dans le nom qui régit, en ajoutant à ce dernier le son *i*, que leurs grammairiens nomment *izafet*, et qu'ils font constamment entendre en parlant, mais qu'ils expriment plus rarement en écrivant. Vullers, dans son ouvrage pour la comparaison du persan avec le sanscrit et le zend (4), s'exprime dans le même sens, en indiquant comme caractère du génitif également la voyelle *i*, ajoutée comme affixe au nom qui régit; forme que ce philologue (ainsi que Wilken) applique aussi à la combinaison de l'adjectif avec le substantif (5). Sir William Jones, dans sa célèbre

(1) Voy. Ewald , *Krit. Gr. d. heb. Sprache.* Leipz., 1827, § 191, p. 352.

(2) Ewald, ut sup., p. 576, § 303. « Aber nicht bloss zwey Nomina kœnnen im *Stat.* « *constr.* stehen ; es kœnnen auch andre Redetheile das zweyte Glied ausmachen.— « Gesenius, *Lehrgeb.*, p. 677, § 175, 3. Bey den Adjectiven steht hæufig noch ein « Substantif im Genitif, wodurch das Eigenschaftswort næher bestimmt wird. »

(3) Wilken, ut sup, p. 15. « Genitivum casum plane ut Hebræi non in nomine « recto, sed in regenti Persæ exprimunt, sonum *i* quem *izafet* eorum grammatici « appellant, nomine regenti addentes, quem recitando semper, scribendo rarius « notant. »

(4) Vullers , *Instit. linguæ persic. c. Sanscr. et Zend., ling comp.* Gissæ , 1840, p. 69-70.

(5) Vullers, ut sup., p. 76. « Cum substantivo autem conjunguntur adjectiva , « ope vocalis *i* , substantivo affixæ. » — Wilken , l. c., p. 22. « Nomen substanti- « vum cui adjectivum additur, in fine augetur sono, nonnunquam expresso, « plerumque omisso. »

grammaire, énonce de même cette loi avec la clarté et la précision qui le distinguent (1).

Je ne fatiguerai pas plus longtemps le lecteur de ces arides comparaisons, quoique nombre d'autres faits dans la grammaire persane rapprochent cette langue des idiomes sémitiques. Ceux sur lesquels j'ai appelé l'attention sont assez distincts et se présentent comme tellement liés au génie primitif d'une langue, que l'on ne saurait, ainsi que cela a lieu pour les racines sémitiques amalgamées dans le persan, attribuer leur origine aux Arabes.

C'est ici surtout que l'étude du pehlwi, quand elle aura atteint la perfection à laquelle on est accoutumé de nos jours dans la connaissance des langues, pourra servir d'intermédiaire entre le persan moderne et les langues sémitiques. Déjà Bohlen, dans un opuscule remarquable (2), mais voué à cet oubli auquel les travaux philologiques sont généralement exposés après le délai le plus court, avait considéré le persan moderne comme composé de deux dialectes, le *parsi* et le *pehelvi (sic)*, attribuant l'origine du premier au zend, et celle du pehlwi aux langues sémitiques. Sans vouloir agiter cette question sous le rapport des racines, j'adopte l'influence du pehlwi relativement aux faits dans la grammaire que j'ai cités; surtout pour l'emploi de l'izafet que, nonobstant l'opinion de Spiegel (3), qui considère l'*i* de cette forme comme n'étant autre que le pronom zend *yo*, je crois une relique de l'origine sémitique, passée du pehlwi (qui le présente également quoique parfois modifiée) (4), dans le persan moderne.

J'arrive donc à la conclusion que cette dernière langue renferme non-seulement les traces des idiomes indo-germaniques introduits en Perse par la conquête des Scythes au VIIe siècle avant J.-C., mais que les analogies sémitiques qui s'y rencontrent, remontent en partie à une origine antérieure à l'invasion des Arabes (5).

(1) Sir W. Jones, *a Grammar of the Persian language*. V. The Works etc. London, 1799, vol. II, p. 147. « There is no genitive case in Persian , but when two substantives of different meaning come together, a *Khesra* or short *e* is added in reading to the former of them, and the latter remains unaltered. »

(2) *Symbolæ ad interpretationem S. Codicis in lingua persica.* Lipsiæ, 1822, p. 9.

(3) Spiegel, *die pers. Spr. u. ihre Dialecte ut sup.*, p. 219. « Ich bin vollkommen überzeugt, dass das i der Izafet nichts anderes ist als das zendische Pronomen *yo*, welches schon im zend haüfig gebraucht wird , um eine Apposition anzuknüpfen. »

(4) Spiegel, 1. c. « Zu bemerken ist noch , dass in guten Handschriften das *i* der *izafet* im Huzvaresch (*Pehlvi*) noch getrennt von beyden Wortern geschrieben wird, zwischen denen es steht. »

(5) On adopte pour la fin de l'empire des Sassanides l'année 651 après J.-C., où

Or, c'est dans les langues sémitiques, dans le pehlwi et jusque dans le persan moderne, que les analogies avec la langue dont les caractères ont été déchiffrés avec tant d'exactitude par M. Westergaard, ceux de la deuxième écriture de Persépolis, se rencontrent.

Je vais m'appliquer à établir celles qui m'ont le plus frappé.

Arrivé à cette partie pratique de mon travail, je dois dire que je l'aborde avec l'espoir que le lecteur, dont la bienveillance m'aura suivi dans la discussion générale qui précède, accordera également quelque attention à des recherches qui, j'en conviens, présentent peu d'attraits pour quiconque ne s'est pas voué à l'étude des écritures cunéiformes.

Je sens toute la difficulté qu'il y a à traiter cette matière spéciale sans trop abuser de la patience du lecteur, accoutumé, par l'habile direction de l'éditeur et le talent des rédacteurs habituels de cette revue, à trouver un certain charme répandu même dans les discussions les plus arides. Je réclame donc un peu d'indulgence pour cette partie de la tâche que je me suis proposée, et que je m'efforcerai de rendre aussi concise que le besoin de justifier mes vues le permettra.

Je dois, avant tout, supposer le lecteur familier avec les principes généraux du sujet que je traite. Je dois le croire au courant des progrès que l'étude de la première des écritures cunéiformes de Persépolis, qui représente l'idiome des Perses japhétiques, a faits de nos jours, depuis la base reconnue pour son déchiffrement par Grotefend, jusqu'aux interprétations si accomplies de MM. Lassen et Rawlinson; résultats fondés sur une connaissance presque complète de l'alphabet de cette écriture, composée d'environ quarante signes, et regardée par ces savants (malgré la suppression partielle des voyelles) comme appartenant au système indo-germanique.

Je suppose surtout que le lecteur a pris connaissance du beau travail de M. Westergaard sur le déchiffrement de la deuxième écriture, dont la classification et l'interprétation forment l'objet de mes recherches ; qu'il sait cette écriture composée de quatre-vingts à quatre-vingt-dix

---

Isdegerd III mourut, quoique l'un de ses fils se soutint en Perse contre les Arabes, jusqu'en 661. Comp. Flathe, dans Encyclop. d. Wiss u. Künste, sect. III, t. XVII, p. 408. Richter, ut sup., p. 257, énonce la date de 652, comme celle de la mort de Iezdegerd III; et celle de 632, adoptée par Scaliger, Petavius pour cet événement, comme erronée. Herbelot. *Bib. or.* Maestricht, 1776, page 449. nomme l'année 636 (an quinzième de l'hégire), comme celle où Iezdegird Ben Scheheriar, que l'on peut appeler 3me du nom et qui fut le dernier non-seulement de la race des Sassanides, mais aussi de tous ceux de sa nation qui ont régné en Perse. perdit la bataille de Cadesie contre les Arabes.

signes, nombre qui est regardé par **M.** Westergaard, vu qu'il dé-
passe le besoin des sons, comme conséquence de combinaisons syl-
labiques de consonnes avec des voyelles différentes, chaque combinaison présentant une nouvelle forme graphique.

Je regarde enfin le lecteur comme au courant du système par lequel, dans mon travail sur la troisième écriture de Persépolis, qui
représente les idiomes des Babyloniens et Assyriens, j'explique
l'existence d'un alphabet de centaines de lettres, et par conséquent
d'un nombre considérable de signes pour un seul son. L'application
que j'ai faite, lors de mon déchiffrement de cette écriture, des principes établis par Champollion le jeune pour les hiéroglyphes, nous
la montre pareillement soumise au système des homophones, en
même temps que contenant les traces les plus précises des principes
sémitiques, comme la suppression partielle et le manque de fixité
des sons pour les signes voyelles.

C'est ce même système que j'avais appliqué à l'écriture assyrienne
pour laquelle le déchiffrement m'a fait connaître des éléments sémitiques mêlés au copte, que je veux introduire également dans l'étude de
la deuxième écriture de Persépolis (composée exclusivement d'éléments
sémitiques) pour arriver enfin à l'explication de la langue qu'elle
renferme; travail comparativement facile, grâce au déchiffrement de
ses caractères effectué avec succès par **M.** Westergaard.

Je dois néanmoins mentionner le fait principal sur lequel je diffère
de ce philologue consciencieux. Ainsi que je l'ai énoncé dans cette
Revue (6ᵉ année, p. 495 et 496), je ne saurais admettre le système
syllabique que **M.** Westergaard a adopté pour cette écriture, de sorte
que je me vois obligé de modifier la valeur de quelques caractères,
reconnus à l'aide de ce système par mon savant prédécesseur.

Tout en convenant donc de la nécessité de quelques altérations, je
dois insister sur le but unique de mon travail, qui n'est aucunement
de m'attacher à la recherche des valeurs restées inconnues à **M.** Westergaard, mais seulement de déterminer à l'aide de celles sur lesquelles
il ne peut point s'élever de contestation, le caractère de la langue
qu'elles représentent.

Abstraction faite des cas où son système syllabique se montre inapplicable, le déchiffrement de **M.** Westergaard, quand il est soumis à un
examen scrupuleux, présente les résultats les plus satisfaisants,
non-seulement pour les valeurs basées sur la lecture de noms propres, mais encore pour celles qu'il convient n'avoir adoptées qu'à
l'aide de suppositions.

Il est facile, du moment que l'on a réussi à classer un idiome
dans un système quelconque et de le rattacher à une branche de
langues déterminée (qu'elle soit indo-germanique, sémitique ou
tartare) de former, à l'aide de rapports dans les lois grammaticales,
telles que pour les préfixes, mais surtout pour les désinences, une opinion vraisemblable sur la valeur des lettres ; la même facilité se présente pour des langues comme l'égyptien et l'assyrien, qui se montrent
soumises au système des homophones. Mais ces moyens n'existaient
point pour M. Westergaard, qui n'avait adopté aucune classification pour la langue que les inscriptions de la deuxième écriture représentent ; qui de plus, se trouvant resserré dans les limites que forme
le système syllabique, s'était vu privé des moyens les plus efficaces
pour la désignation précise de telles lettres, pour lesquelles les noms
propres ne présentent point de base.

Malgré ces obstacles les résultats obtenus par M. Westergaard,
n'en ont pas moins de mérite, et j'espère que mon interprétation en
fournira la preuve la plus convaincante.

J'aborde sans plus de préambule ma matière, et je choisis l'invocation qui se trouve reproduite dans la plupart des inscriptions de
Persépolis, telles que C, D, E, et qui forme le sujet de celles de
l'Alwand: F et O. Elle se trouve également dans celle de Van : K (1).
L'inscription D (2), étant l'une des plus distinctes, je m'arrête à ce
texte, dont je présente la transcription persane, telle que l'a donnée
Lassen (3).

« Bᵃgᵃ. wᵃzᵃrkᵃ. aurᵃmᵃzda. hyᵃ. imam. bumim. ada. hyᵃ. awᵃm.
« asmaᵃnm. ada. hyᵃ. mᵃrtiyᵃm. ada. hyᵃ. schiyatim. ada. mᵃrtiyᵃhya.
« hyᵃ. khschyarscham. khschayᵃθiyᵃm. aqunusch. aiwᵃm. pᵃrunam.
« khschayᵃθiyᵃm. aiwᵃm. pᵃrunam. frᵃmatarᵃm. ₊Adᵃm. khschyarscha.
« khschayᵃθiyᵃ. wᵃzᵃrkᵃ. khschayᵃθiyᵃ. khschayᵃθiyanam. khschayᵃθiyᵃ.
« dᵃhyunam. pᵃruwᵃzᵃnanam. khschayᵃθiyᵃ. ahyaya. bumiya. wᵃzᵃr-
« kaya. d'huriyᵃ. apiyᵃ. daryᵃwᵃhusch. khschayᵃθiyᵃ. hyᵃ. puthrᵃ.

____

(1) Westergaard, *Mémoires de la Société des Antiquaires du Nord.* Copen-
hague, 1844, p. 276.
(2) Lassen, *u. West. Ueb. d. Keilinschrift.* Bonn, 1845.
(3) Ut sup., p. 171 (135).

« hªkhamªnischiyª ⁎ Θatiyª. khschyarscha. khschayªθiyª. wªzªrkª.
« wªschna. aurªmªzdaha (1). »

Je rends la traduction de cette inscription complétement d'après
M. Lassen, excepté pour *Θatiy*ª que M. Rawlinson traduit par *dicit*
au lieu de *generosus*, pour *schiyatim*, que j'explique par *imperium*,
pour d'*huriy*ª, *apiy*ª, où le mot *constitutor* (*stator etiam*) me paraît
le mieux approprié; enfin pour *paruwa* dans lequel je vois le nom
propre *Pahluwa*.

« Deus magnus (est) Auramazdes. Is hanc terram creavit, is istud
« cœlum creavit, is mortales creavit, is fortunam (*imperium*) creavit
« mortalium, is Xerxem regem fecit unicum multorum, regem uni-
« cum multorum imperatorem. »

« Ego Xerxes (sum) rex magnus, rex regum, rex regionum *Pahluwa*
« populis habitatarum, rex hujus terræ magnæ sustentator auctor
« (*constitutor*). Darii regis filius Achæmenius. » (Fin de l'invocation).

« *Dicit* Xerxes rex magnus : Ex voluntate Auramazdis.»

J'ai ajouté à l'invocation cette courte période puisqu'elle se
retrouve invariablement dans les inscriptions de Persépolis et
dans celle de Van, comme introduction à la partie historique des
inscriptions.

Je commence par les noms propres, qui se trouvent dans l'inscription D, et qui font partie de ceux qui forment la base du déchiffrement de cette écriture.

Ces noms sont : Darius, écrit 〔cunéiforme〕

déchiffré par Westergaard (2), *Da. ri. yä. w. u. s*, et que je lis :
D. ª. r. ya. w. u. sch., comparez (d'après Lassen et Rawlinson),
D. a. r. ya. w. u. sch., de la première (3) et d'après mon *Exposé*
D. a. r. y. a. wusch., de la troisième écriture (4).

____

(1) Je n'ai altéré la transcription de M. Lassen que pour le *ç*, le *s* et le *j*, pour
lesquels j'ai adopté la lecture de M. Rawlinson de *s*, *sch* et *y*. Le Θ de M. Lassen
devrait être lu *s* (voir mon Exposé, p. 48); mais je n'ai pas voulu appliquer des
altérations dans une écriture qui ne me concerne qu'indirectement. Quant aux
changements euphoniques introduits par M. Rawlinson et calqués sur le sanscrit
(tels que le *guna* et *vriddhi*), je n'ai point cru devoir les adopter, et je conserve
le mode de lecture de M. Lassen.

(2) Westergaard, *l. c.*, p. 279.

(3) Lassen, *Ueb. d. Keilinschr.* Bonn, 1845; et Rawl. *Memoir* (*Journal of the
R. Asiat. Society*, vol. X, part. 1.)

(4) *Exposé des Élém. constit. de la* 3ᵉ *écrit. de Persépolis*, p. 29.

Xerxes 𒐊𒐊𒐊𒐊𒐊𒐊𒐊 *West.* lit : *kh. sa. ra. s (s) a ;*
je trouve : ch *sch.ᵃ. r. sch (sch)ᵉ.* Comparez *kʰh sch. y. a. r. sch. a.* dans
la première, et ch. *sch. ya. r schᵃ.* dans la troisième écriture (1).

Achémènes 𒐊𒐊𒐊𒐊𒐊𒐊 :
West. *Okhavenisiya,* je lis : ch. *a. k ᵃ. m.ᵉ. n.ⁱ sch. sch. ya ;* comparez *hᵃ. kʰh. a. m. n. i. sch. i. ya;* dans la première, et *hᵃ.* ch ᵃ. *m.*
a. nⁱ. sch. ya. dans la troisième écriture (2).

Le nom d'Oromasde 𒐊𒐊𒐊𒐊𒐊𒐊𒐊. West.
A ur ä z da ; je lis, en séparant le premier signe qui est idéographique et le déterminatif pour Dieu : *Ou. r.ᵉ. z. dᵃ.* Comparez avec
a. u. r. mᵃ. z. d. a, de la première, et (ôtant également le premier
signe idéographique) *ha. u. r. m. az. d. a.* de la 3ᵉ écriture (3).

Il me paraît résulter de cette lecture des noms propres une analogie bien plus prononcée avec le persan et l'assyrien que de celle
de M. Westergaard, en même temps que la tendance des nations
sémitiques pour les sons gutturaux y est évidente.

Je dois faire remarquer comme preuve de mon assertion que
cette écriture n'est point syllabique, le fait suivant; le signe 𒐊𒐊
considéré par M. Westergaard, comme représentant la syllabe *ra,*
ce qui dans la lecture de Xerxes amoindrit l'analogie entre ce nom
propre dans la deuxième écriture, avec ceux de la première et troisième, offre un désavantage bien plus sensible encore dans Artaxerxe, où ce même signe est initial, de sorte qu'il faudrait lire ce
nom, qui dans le persan est écrit *Artakhschathra* avec M. West.
Radakhschathra. Un fait analogue résulte du mot qui rend le persan
thuriya (v. West. p. 335), comme la valeur de *t* y est rendue dans
certaines inscriptions par 𒐊𒐊, lu *ti* par M. W. dans d'autres par
𒐊𒐊, qu'il lit *ta.*

J'arrive au texte de l'invocation pour laquelle tout en suivant l'inscription D de Xerxes, j'ai adopté relativement à quelques mots les
transcriptions de Westergaard, p. 329, 339 et 342, extraites d'autres textes.

Le premier mot est 𒐊𒐊𒐊, *Deus,* en persan *Bᵃ ghᵃ,*
que M. Westergaard (4) lit *anap.* J'ai reconnu que ce mot doit

<hr>

(1) *Exposé*, p. 31.
(2) *Exposé*, p. 32.
(3) *Exp.*, p. 26.
(4) L. c., p. 307.

être séparé en deux parties : en ⸻ et en ⸻. Le premier de
ces signes est idéographique ; le nom *Belbuch* (Belibus) que j'ai
déchiffré dans la table généalogique de Ker Porter, publiée dans
cette *Revue Archéologique* (1), nous le désigne comme *Bel ;* et forme
le déterminatif qui précède tout nom de divinité, en même temps
qu'il sert en assyrien pour exprimer le nom Dieu placé isolément
et au pluriel. Les deux autres signes ⸻ *nap,* se lisent alors
Nebo ou *Nepo* (2). La preuve de mon assertion se trouve dans
le babylonien lapidaire, où ce nom est également exprimé, précédé
de ⸻, par le monogramme ⸻, signe qui dans le babylonien cursif est rendu par ⸻ (3), *Nebukh* (voir *Grotefend Neue Beyträge*, 1840, la table : xxiv, *seq.,* 1). Je crois
que cette conformité dans la dénomination du Dieu *Nebo* chez les
Assyriens et les Élamites, mérite toute l'attention de la part des my-
thologues.

Le mot suivant est ⸻, *magnus* (en
persan *w*ᵃ *z*ᵃ *rk*ᵃ), lu par Westerg. *ras'arar* (4). Ce savant considère les deux premiers signes exprimant *ras'a,* comme présentant la
racine de cet adjectif, mais voit dans le mot tel qu'il est écrit ici un
superlatif. Je ne partage cette opinion qu'en ce qui concerne la racine,
que je lis *rasch,* et que je retrouve d'une manière identique dans l'hébreu
ראש (*rosch*) (5), le chef, le premier, etc., or, adoptant le mot dans
le sens de *maθist*ᵃ du persan, qui dans l'inscription de *Nakschi-Roustam* remplace *w*ᵃ *z*ᵃ *rk*ᵃ, je l'interprète par le chef, le suprême,
caput. J'admets donc cet adjectif dans l'emploi de substantif, et j'explique l'affixe *rar* que nous retrouvons encore dans les mots élamites
pour *mortalis* et pour *rex* (*West.* p. 323), comme une terminaison
analogue à celles qui existent dans le persan moderne, à l'aide des-
quelles un adjectif ou verbe est formé en substantif ; telle la syllabe
ار (*ar*), affixée à la troisième personne du parfait singulier, en fait un

---

(1) *Rev. Arch.*, oct. 1849, p. 417.

(2) La lettre ⸻ (West.) *pi,* ajoutée dans quelques-unes des inscriptions,
comme elle se lit également *ou* ou ch , n'altère point ma lecture *Nebou* ou *Neboukh.*
J'observe à cette occasion que vu la concision dont je me suis fait un devoir, je ne
prends les variantes en considération qu'autant qu'elles infirmeraient la lecture e
l'interprétation que j'adopte.

(3) ⸻ = ⸻.

(4) L. c., p. 310.

(5) Gesenius, *Handwœrt.* Leipz., 1834, v. II, p. 526.

substantif (1); la lettre ا ajoutée à quelques adjectifs les rend également des noms abstraits (2); et les terminaisons سار (sâr), et وار ou ور (wᵃr), ajoutées aux noms, impliquent abondance (3).

Le nom d'Oromasde nous est connu (voir p. 710, où j'ai démontré qu'il faut en séparer le signe déterminatif; on y remarque encore l'absence de l'*m*, lettre qui paraît tellement antipathique à l'élamite, qu'elle se montre ou sous les formes de *b*, *w* et *ph* ou disparaît complétement).

Le pronom ⊱⊒⊱ ⊐, *is* (pers. *hy*ᵃ), qui reparaît cinq fois, est lu par *West.* comme *K. Kha.* Le premier signe ⊱⊒⊱, vu le nom d'Achémènes, où il est tantôt exprimé, et tantôt omis (West. p. 285) se présente comme l'une de ces *litteræ quiescibiles*, que dans l'assyrien j'ai nommées homotypes, lettres qui non-seulement se trouvent employées successivement pour exprimer des voix et même des articulations différentes (4), mais dont la suppression éventuelle est un fait constaté. L'autre lettre ⊐ se prête également à cette conformité de type pour des valeurs palatales, labiales et des aspirations. Je lis donc ce mot comme *hahou* (ⳍᵃ kᵒⁿ), et je le compare au חוא, *hou* de l'hébreu et ההוא, *hahou* du chaldéen (5), sans vouloir préjuger son degré de parenté avec le او (*o*) *ille*, ou d'après la remarque faite par M. West. avec le که (*keh*), *qui*, du persan moderne.

L'autre pronom qui précède ou suit *terra*, est ⊱⊒ (pers. *imam*) *hanc*, lu par M. West. *sa*. Cette lecture est exacte, la valeur de sifflante ou chuintante pour ce signe étant certaine; je le trouve analogue au pronom hébreu זֶה *seh* (qui, dans cette langue, est non-seulement employé comme pronom relatif (6), mais encore comme démonstratif) ainsi qu'au pronom chaldéen indéclinable די (*di*), que j'adopte pour ma lecture (Gesen. l. c, ı, 530 et 532.; et Peter-

---

(1) S. Will. Jones, ut sup., p. 204 et 205.

(2) Une forme analogue existe dans l'hébreu; voyez *ḥaḥam* sage, *ḥaḥma* sagesse, *gadol* grand, *ghedola* grandeur.

(3) S. W. Jones, l. c., p. 202.

(4) *Exposé*, p. 72, seq. Voir le signe ⧦ qui se montre comme *u* dans *Uwakha*, et comme *k* dans *Katpathuka.* L. c., p. 76.

(5) Petermann, *Brevis ling. Chald. Gramm.* Berol., 1840, p. 8. « Sæpius « pronomen personale ııı personæ sing. præfixio ה seu אי demonstrativi loco « adhibitur והוא. »

(6) Dans l'assyrien ⸢ᵧ⸣, *scheh* est le pronom relatif (*Exposé*, p. 39).

mann, *Brev. ling. Chald. gr.* p. 9). Je dois faire observer que dans le pehlwi, *ce, lui,* sont rendus par une forme analogue, celle de *zak* (Ant. *Z. Av.* v. II, p. 473).

Vient ensuite ⸻, *terra* (en pers. *bumim*). West. lit *qru*, ce qui vu la qualité de signe-voyelle pour le ⸻, que je crois identique, de même que dans l'assyrien, avec le signe ⸻, me permet de lire en chaldéen אַרְעָא (1) (*arah*). Je conviens que le dernier caractère ⸻, en lui attribuant la même valeur que lui assigne **M. Westergaard**, diffère de celle que ce signe possède en assyrien, où il se montre comme dentale ou sifflante (⸻ = ⸻) analogue au ⸻ (*z*), et distinct du son guttural ⸻ (ḥ). Mais vu l'échange qui a lieu entre le ⸻ (ḥ), assyrien et le ⸻ (*d* babylonien lapidaire), basée, ainsi que nous le verrons au mot suivant (*creavit*) sur une permutation inévitable entre dentales et gutturales, je conserve au ⸻ élamite la valeur de אַץ, plutôt que celle de צ, qui se trouverait dans l'hébreu אֶרֶץ (*erez*) (2).

Le verbe ⸻, *creavit*, Rawlinson *dedit* (persan *ada*) qui se trouve quatre fois reproduit, est lu par M. Westergaard *tus'ta*, qui (p. 281) énonce la valeur de *t* pour le signe ⸻, comme n'étant basée que sur hypothèse. Si le principe des homophones dans ces écritures avait été connu de M. Westergaard, il aurait trouvé que ce verbe étant écrit ⸻ *t s t* (*tasta* West., 330), dans l'inscription de Nakshi-Roustam, avec une lettre que des noms propres nous désignent comme possédant indubitablement la valeur de *d* ou *t*, la lecture du ⸻ comme dentale était aussi peu hors de doute, que celle de sifflante ou chuintante, qu'il adopte pour ⸻ ou ⸻.

Mais de même que dans l'assyrien les dentales et les gutturales se montrent parfois exprimées par un signe identique, de même notre ⸻ paraît présenter aussi bien la valeur du *t*, que de ces sons gutturaux et de ces aspirations, qui se montrent si fréquemment comme homotypes (voir p. 712), et je cite comme preuve de cette opinion le nom de peuple élamite ⸻ que M. West. lit *Takapharatu* (3); mais que le persan nous montre

____

(1) Ges., l. c., II, p. 422.
(2) Gesen., l. c., I, 184.
(3) West., p. 303.

distinctement comme *Tᵃ kᵃ bra*, lecture identique avec celle de
תקברע , *Takabrah* , que j'adopte pour le mot élamite. J'assigne donc
ici au ⤙ la valeur du ע hébreu , la faculté pour cette lettre de s'é-
changer même avec le צ , fait étrange, mais affirmé par Ewald et
Gesenius (1), se prêtant à cette supposition. Je lis alors le *tuschta*
de West. comme *daschad,* et je trouve une analogie précise avec le
verbe hébreu עָשָׂה (*osoh, facere,* (2) *creare*), le deuxième 𒂍
étant comme nous le verrons par la suite (p. 717), un affixe des
verbes, de sorte que les deux premières lettres seules sont radicales.
Nous avons donc *creavit,* comme en persan (3).

Le mot *cœlum* est écrit ⤙ ⟨𒈠 𒈠, lu par M. West.
akhokha (en persan *asmanᵉm*). Le caractère ⤙ est adopté comme
signe euphonique avec la valéur de *a* par M. W. Le nom propre
d'Achémènes m'a fourni cette même valeur pour l'assyrien (*Exposé*,
page 32), et je la crois exacte pour l'élamite, quand ce signe est
euphonique, ce qui cependant est aussi peu le cas dans le mot
actuel que dans *anap* au commencement de l'inscription. La valeur
du ⟨𒈠 n'est adoptée par M. Westergaard, comme *Kh*, que par
conjecture; mais vu sa présence dans le mot élamite pour *unicum*, je
considère cette valeur de palatale comme très-probable (voir West.
p. 325). Quant au 𒈠 , sa valeur est démontrée comme ḫ par
le nom propre de Xerxes, dont ce signe est l'initiale. J'adopte donc
cette lecture pour les deux signes; mais pour expliquer le mot, je dois
le séparer ainsi que cela a eu lieu pour Dieu en ⤙ , comme signe
idéographique, et en ⟨𒈠 𒈠 , formant un mot que je lis *gagh*
(*khaḫ*), comp. l'hébreu גג (*gagh*) *tectum* , cette expression étant

---

(1) Ges., *Lehrgeb.*, p. 19 : « Die Vertauschung (des ע mit צ) in der Verglei-
« chung mit dem Aramæischen die sich nicht wohl anders erklært, als wenn nach
« Hinwegnahme des Zischlautes im צ bloss ein leiser Consonantenton übrig blieb
« (v. Ges., Handw., II, p. 170 ; et Ewald., *Krit. Gr. d. Hebr. Spr.* Leipz., 1827,
« p. 38). Endlich wurde ע in einigen Wœrtern so dumpf gesprochen, dass nicht bloss
« der Zischlaut schwand (צ in ט), sondern selst dieses ט, noch seinen T-laut ablegte
« und bloss der Gutturalhauch der zugleich im ט ist (§ 30) in dem blossen ע übrig
« blieb. — Dasselbe beweist das arabische, welches in der Regel wo ע aus צ
« entstanden ist , ض (dh) hat. »

(2) Gesen. Handwort , t. II, p. 311.

(3) Je cite le mot *dehesch* en pehlwi, selon Anquetil, II, pl. VII, *dare* (de *boun-
dehesch*, « la racine a été donnée »), comme présentant une analogie avec notre
dasah. Je soumets cette remarque à qui de droit dans le pehlwi.

appliquée en hébreu également à la racine du mot שָׁמַיִם, ciel,
qui se présente en arabe comme سَمَا , *altus fuit* سموى , *cœlum* ,
tectum, domus سَماوَة , *tectum, domus* (c. Golius, p. 1219-1220);
de même que l'autre expression usitée en hébreu pour ciel רָקִיעַ
exprime une voûte (1). Le sens textuel en élamite est donc « le toit
de Dieu; » de même que celui de la troisième écriture ⊢┤ ⊢⟟┤ ,
est « maison (demeure) de Dieu (2). » La lecture de *ar* que j'avais
donnée dans mon *Exposé* (3) devant être rectifiée.

Le pronom démonstratif *istud* (persan *a w °m*) est généralement
exprimé par ⊢∐⟨ ≺ , lu *yutu*, par M. Westergaard, mais l'inscription **D** nous le présente comme ⊢∐⟨ ∣⊐Ⲏ ≺ , que ce
savant lit *yutthu*. Nous avons vu (p. 714) que le signe ≺ s'é-
change contre la dentale ד (*d*) ou contre le *y*. Quant au signe
∣⊐Ⲏ qui le précède dans **D** , sa suppression dans d'autres inscriptions, comme dans **C** et **E** le fait connaître comme un signe-voyelle,
(*littera quiescibilis*). D'autre part ce signe s'échange, mais sous la
forme de ⊵Ⲏ (sans la pointe dite déterminative) avec le premier
signe ⊢∐⟨ (4). Il résulte de la circonstance que le ∣⊐Ⲏ se présente comme homotype aussi bien que le ⊵Ⲏ (⊵Ⲏ= avec les signes
assyriens ⊵Ⲏ ou ⊞), la valeur de *b*, *w* ou *ou* pour cette lettre,
ainsi que pour son homophone ⊢∐⟨. Je lis donc *out*ᵃ ou *hout*ᵃ et je
trouve en chaldéen le pronom démonstratif הֲדָא , *hadah* (*hœc*) qui
sans se prêter à une analogie complète nous fournit néamoins le ד ,
d, cette lettre caractéristique du pronom démonstratif dans le chaldéen (5).

Ce pronom suit constamment le mot ciel, l'autre *seh* (*di*) suit ou
précède alternativement le substantif. Je m'abstiens néanmoins d'en
tirer une conclusion quelconque sur le rôle isolé ou affixe des pronoms élamites; matière qu'il faut réserver à plus ample information.
Quant au genre, הֲדָא se présentant comme féminin, j'attribue
ce même genre à ⊢∐⟨ ≺ et par conséquent à ciel.

<hr>

(1) Comp. *Opit. Nov Lex. Hebr. Chald.* Hamb., 1705, p. 74.
(2) *Exposé*, p. 35.
(3) *Revue Arch.*, 6ᵉ année, p. 419, où j'attribue au signe ⟟┤ la valeur de *w* ou φ.
(4) West., p. 280.
(5) Voy. Petermann, *Brev. Ling. Chald. Gramm.*, p. 8. « Pronomina demon-
« strativa litteram characteristicam ד habent. »

Nous trouvons l'homme, *mortalem* (en persan *m^artiy^am*), écrit au singulier [⸻ signes cunéiformes ⸻], et au pluriel : [⸻ signes cunéiformes ⸻]. M. West. (1) lit le premier *wothirarra* et l'autre *wothi(ra)ran*.

J'admets le premier signe que M. Westergaard adopte pour *w*, à l'aide de conjectures seulement, comme possédant effectivement cette valeur, ou plutôt celle identique dans cette langue de *m*. La valeur du deuxième signe est également adoptée à volonté par M. Westergaard, mais toutes deux le sont sur une hypothèse des plus vraisemblables : celle que le mot dans la deuxième écriture reproduirait la forme identique du persan. Effectivement, en admettant la transposition si fréquente dans les langues sémitiques entre *r* et *th*, ou plutôt la suppression de cette liquide si commune dans la deuxième écriture cunéiforme, nous reconnaissons la racine [⸻ signes cunéiformes ⸻] *m. th. r.*, ou [⸻ signes cunéiformes ⸻] *m. th.*, comme très-analogue avec le *m^art* persan. Mais le mot *martiya* se trouvant dans le sanscrit (ved. *martya* (2)), on ne pourrait adopter cette analogie que dans la supposition que cette racine serait passée du persan japhétique dans l'élamite et dans le pehlwi, où nous la retrouvons comme *mard* (Anq. *Z. Av.* II, p. 453), ou *mardom* (l. c., p. 454), homme, ou comme *mourdeh* (l. c.), mortel, et *mourd* (l. c., p. 455), il meurt. La circonstance néanmoins que le mot מות , signifie mourir non-seulement dans l'hébreu, mais dans toutes les langues sémitiques, donne à l'opinion de M. Westergaard la plus grande vraisemblance, sans avoir recours à une transposition de lettres quelconques, ni même être obligé d'adopter, avec Gésénius (3), un affaiblissement (*Erweichung*) de l'un de ces radicaux primitifs, le ר dans ו, la suppression d'une *r* médiale dans l'élamite étant un fait constaté. Quant aux nombreux *r* qui se trouvent comme affixes dans ce mot, nous devons y voir des formes grammaticales (4), dont l'une, qui s'applique au datif ou à l'accusatif, se présente d'une manière distincte.

Relativement au mot *siyalis*, comme il reproduit le persan *schiyatim*, toute discussion sur ce sujet serait inutile; je dois seulement faire observer que ni M. Lassen qui traduit le persan : (accusat.) [⸻ signes cunéiformes ⸻] par *fortune*, ni M. Burnouf, qui le lit *nourriture*, non plus que M. Rawlinson qui l'explique par *vie*, ou

(1) West., p. 317 seq
(2) Benfey, *Die Pers. Keilinschr.* Leipz., 1847, p. 30.
(3) Gesenius, l. c., t. I, p. 1020.
(4) Voir p. 711.

M. Benfey qui y voit *splendeur* (*Herrlichkeit*), n'ont pas fait allusion
au mot persan سياست , *sijaseth* (1), qui signifie *administratio* ou *imperium*; et qui, dans nos inscriptions, aurait le sens « gouvernement
des hommes. » J'imagine que cette signification si appropriée au sujet,
parut inapplicable à ces doctes philologues à cause de son origine sémitique; du moment néanmoins que nous la trouvons également dans
l'élamite, je suppose que ce mot est dans le persan d'une usage antérieur à l'époque des Arabes.

Le nom Xerxes nous est connu. Vient le mot roi (en persan
khschay ⁸ *θiy* ⁸), qui se trouve reproduit sous plusieurs formes grammaticales. Il est écrit [𒀭𒁹𒌷] et lu par M. Westergaard, à cause
d'une analogie formée à l'aide du nom propre mède Cyaxares,
comme *Ku*. Mais le mède n'entrant point dans ma matière, je crois
pouvoir proposer avec autant de vraisemblance le mot *schah*.

M. de Sacy, quoiqu'il énonce (Mémoire, *etc.* p. 192 et 193) que le
mot schahra ou schehra s'est changé en schir dans Ardeschir, et a
formé le mot schah, roi, dans le persan moderne, nous fait néanmoins supposer (I. c., p. 85) que le titre schah dut déjà être
adopté du temps des Sassanides, puisqu'il indique l'étymologie du
nom de Sapor (qui vécut l'an 240 (2)) comme formé des mots persans *schah*, roi, et *pour*, fils, c'est-à-dire fils du roi. Il paraît donc que
schah était déjà en usage dans le pehlwi, et effectivement nous y
rencontrons le mot *schahritah* (roi, ordre, Añq. *Z. Av.*, II, p. 508).

Le verbe *fecit* [𒀸𒁺𒁷𒅍𒁹] (en persan *aqunush*),
n'est lu qu'incomplétement par M. Westergaard, comme *yut-da*. Les
différentes formes grammaticales sous lesquelles ce verbe se présente dans l'inscription *D*, sont des plus importantes pour la suite
des investigations sur cette langue; pour le moment, je borne ma
discussion sur ce sujet au fait intéressant que le [𒅍𒁹] (*d*) final,
déjà remarqué pour le verbe [𒀹𒁲𒅍𒁹] comme un affixe
de forme verbale, se montre comme terminaison de la troisième personne des verbes, de même que dans le pehlwi et dans le persan
moderne. Quant à ma lecture de ce verbe, je crois sa racine
[𒀸𒁺] identique avec celle de l'assyrien [𒐊𒀹𒀹] *wes*, *wet*, « facere, ædificare, » et je la lis également *wet*, en la comparant avec
l'hébreu בית , substantif du verbe בנה (3). La lettre [𒁷] dans ce

(1) **Wilken**, *Glossar.*, p. 337.
(2) **Richter**, ut sup., p. 165.
(3) *Exposé*, p. 42.

mot, dont M. Westergaard n'énonce point la valeur, est aussi peu une lettre radicale dans ce verbe que le [cunéiforme], qu'elle précède dans la troisième personne; de sorte que par analogie avec le pehlwi, je crois pouvoir lui assigner la valeur de *n*, ce qui donnerait *ned* ou *nad* comme terminaison. Je lis donc le mot élamite *betnat*.

Le nom de nombre *unicum*, en persan *aiwam*, écrit [cunéiforme] est lu *khora* par M. Westergaard, le deuxième signe formant un affixe. J'adopte cette lecture; puisque *kh^ou*, le premier signe, montre ce nom de nombre presque identique avec *ouka* de l'assyrien; quant au deuxième qui est [cunéiforme], il forme l'affixe déjà connu de l'accusatif; comparez l'hébreu אחד, et mes remarques à ce sujet dans l'*Exposé* (p. 39). Le persan moderne يك (*jek*) *unus*, se montre également analogue.

Le titre *fr^a matar^a m* (du persan) *imperatorem*, se retrouve identique dans la deuxième écriture, il ne demande donc aucune autre explication (1) que celle que le dernier signe [cunéiforme] se montre comme nasale; il est bon seulement de remarquer que ce titre se rencontre sous la forme analogue de *farman dadar* (qui commande) dans le pehlwi (c. Anq. *Z. Av.*, II, p. 448).

Le mot persan *p^a runam*, *multorum* est rendu en élamite par [cunéiforme]. M. West. lit *rasakhotin*. Tous ces signes, le [cunéiforme] excepté, que des noms propres (West. p. 296 et 297) indiquent comme *i* ou *ii*, ayant déjà été soumis plus haut à notre examen, je place ici ma lecture *raschakhwïn* (ou *nün*) sans autre commentaire; en admettant, avec M. Westergaard, *rasa*, grand, comme racine de cet adjectif, et considérant le [cunéiforme] ou [cunéiforme] comme analogue au كِن *kin* persan, ajouté au nom pour former des adjectifs impliquant possession ou abondance (c. S. W. Jones, l. c., p. 202).

Le pronom personnel *ego* (pers. *ad^a m*) est rendu par [cunéiforme], lu *yo* par M. Westergaard. Je ne trouve pour ce pronom aucune analogie ni dans les langues sémitiques, ni dans le persan moderne. Vu la circonstance que le pronom qui en assyrien se lit *anoukh* [cunéiforme] (sans présenter la pointe déterminative des noms propres, le [cunéiforme]) est exprimé parfois, comme dans l'inscription de Nakschi-Roustam, par [cunéiforme] (*kh*) seulement (2), je considère le [cunéiforme] de l'éla-

---

(1) West., p. 281.
(2) *Exposé*, p.

mite précédé du clou déterminatif, comme également abrégé, quand
il est relatif au roi, dont il paraît former comme un signe idéographique. Ce qui me confirme dans cette opinion, c'est que
[cunéiforme], qui ici rend *ego*, se trouve employé dans d'autres parties
de l'inscription quand il s'agit du roi, comme dans *mam* (*me*), non-
seulement pour des pronoms personnels, mais encore pour des pronoms possessifs, comme pour *mᵃna* (*meum*).

Le mot persan *pᵃruwᵃzᵃnanam* est d'une forme identique dans
les trois écritures. Il est évident qu'un nom propre entre dans sa com-
position, dans lequel je ne saurais me défendre de reconnaître le nom
du peuple *Pahru, Pahluwa, Pahlawa*, que nous avons vu cité dans le
Ramajana (p. 698). Nous reviendrons par la suite sur cette matière.

Le pronom persan *ahyaya, hujus*, montre le même signe [cunéiforme]
s que *hya* (*is*), mais il est suivi des deux signes [cunéiforme].
M. Westergaard lit ce pronom *saqqu*; ma lecture est *seikhi*, forme
qui nous montre le ז en échange du ד qui constitue le pronom démonstratif en chaldéen, et qui se présente comme דיכי (דֵךְ) *deikhi*
(*dek*) (1), *hic, ille*.

Le persan *wᵃ zᵃ rkaya* est rendu dans la suite de l'inscription
par (2) [cunéiforme]; dans l'inscr. O par [cunéiforme]
et dans K par [cunéiforme]. West. lit *wonzakha* ou *buzakha* et le
trouve analogue avec le persan *wᵃ zᵃ rkaya* dérivé du persan moderne *buzurg*, et ressemblant selon lui au turc *buyac* (*beujuk*). Je
crois que s'il s'agit de trouver des analogies avec le turc, le
mot *ouzak* (*remotus*), serait bien mieux approprié. Quant à moi je
lis *oussak* ou *jessak*, et je rencontre une analogie bien plus prononcée dans le cercle même des langues sémitiques avec la racine שׂגָא (3), *crescere*, et le dérivé chaldéen שׂגִיא, *magnus*
(Dan. II, 31).

Le mot persan *dᵃ hyunam, regionum* est reproduit identiquement
dans l'élamite. Ce mot se retrouve dans le Pehlwi, sous la forme de
danm (peuple). Anq. *Z. Av.* II, p. 443.

Les mots persans *dhuriyᵃ apiyᵃ*, sont expliqués par les savants qui
se sont occupés de la première écriture, de la manière la plus
variée. M. Lassen les traduit *sustentator, auctor*, et M. Rawlinson les

<hr>

(1) Petermann, ut sup., p. 8.
(2) West., 311.
(3) Ges., II, 607.

rend en anglais, par *supporter also* (soutien aussi). Je m'arrête à cette
version, et je trouve pour *dhuriy*ᵉ dans l'Élamite [⿻⿻⿻⿻⿻]
que M. Westergaard lit *phsuti-ku*. La lecture complète de ce
mot est difficile, puisque l'avant-dernier signe [⿻] est inconnu à
M. West (p. 337) et que, de mon côté, je ne saurais lui appliquer
que des valeurs approximatives parmi celles qui se rencontrent
au nombre des affixes. Je ne présente donc que la lecture de la racine,
que je lis *ph*ᵃ *sch*ᵉ *t*. L'explication de ce mot n'est pas plus aisée que
son déchiffrement, comme je ne rencontre de mot analogue que l'hébreu שָׁפַט (Ges. ii, 758), pour lequel encore il faut avoir recours
à une transposition de שׁ et פ. Gesenius (l. c.), nous apprend que ce
mot hébreu ne se retrouve dans aucune des langues parentes; que
son sens primitif est *aufstellen, statuere*, et que sa signification habituelle est : juger, dominer. Cette explication du sens primitif nous
permet, en considérant les deux signes [⿻ ⿻] comme affixes qui
formeraient du verbe un substantif, de donner au mot élamite la
signification de *stator*, synonyme de *sustentator*. Si d'autres investigations venaient à confirmer ma conjecture, il serait très-intéressant
d'avoir retrouvé cette racine isolée de l'hébreu dans l'élamite. L'autre
mot persan *apiy*ᵉ ne se rencontre dans la deuxième écriture que dans
les inscriptions N R, E et F (Westergaard, p. 337). Il y est écrit :
[⿻ ⿻], que M. West. déchiffre *aphi*, et que je lis *aph* ou *haph*; en
le comparant avec l'hébreu et le chaldéen אַף *etiam* (Ges. i, p. 158),
il résulte pour ce dernier mot la signification identique, trouvée par
M. Rawlinson pour *apiy*ᵘ, et pour les deux mots ensemble *stator
etiam* ce que rend le mot, *constitutor*.

Le nom *D*ᵃ *r* *y*ᵃ *wouch*, nous a déjà occupé.

Je passe donc au mot fils, en persan *puthr*ᵃ qui est écrit :
[⿻ ⿻ ⿻], lu *sakri*, par M. W. Ma lecture est *Sch*ᵉ ⱱ*h*ᵉ *r*;
dont je trouve la signification dans la racine (toutefois peu usitée)
du chaldéen שְׁגַר (1) *partus*, employé en hébreu dans la forme de שֶׁגֶר
parire, puis *pullus*, das Junge, le petit (II, M. 13, 12), uniquement, il
est vrai, pour les animaux; nous retrouvons néanmoins ce mot non-seulement dans l'hébreu sous la forme de שָׁגָל (avec la permutation si commune dans cette langue de ר en ל), comme exprimant *concubitus*,
mais nous rencontrons encore cette même racine dans le pehlwi

(1) Ges , II , 660.

zarh et le dérivé *zarhounatan* (Anq. *Z. Av.* ii, 504), employé pour enfanter, et cette signification se prête exactement à l'explication de notre mot.

L'invocation finit avec le nom ⸎. *a. k*ᵃ *m*ᵉ *n*ⁱ *sch. ya* , que nous avons examiné avec les autres noms propres. J'ajoute néanmoins la phrase suivante qui commence la partie historique des inscriptions, comme elle reparaît dans toutes indistinctement.

Les mots qui la composent sont en persan : Θ*atiya Khschyarscha Khschay*ᵃ θ*iy*ᵃ. *w*ᵃ *z*ᵃ *rk*ᵃ; *w*ᵃ *schna Aur*ᵃ *m*ᵃ *zdaha*, etc.

La plupart de ces noms et mots nous sont connus ; il ne nous reste donc qu'à examiner Θ*atiya* et *w*ᵃ*schna*. Le premier a été expliqué d'une manière vraisemblable par M. Rawlinson comme exprimant *dicit*; l'écriture élamite présente ⸎ , lu *naari* ou *nari*, par M. Westergaard. Je lis *nar* et je le retrouve dans le chaldéen אֲמַר (*amar*) dixit, avec échange de la nasale. Une analogie où l'*n* reste intacte existe avec le persan moderne نِيرنج , *nirendsch; historia, narrans, recitans* (Meninski, p. 5299) (1).

L'autre mot est le persan *w*ᵃ*schna*, que M. Lassen traduit *ex voluntate*. Cette lecture est des plus exactes, puisque l'élamite nous donne ⸎ , que M. West. transcrit *zuviyi*, et que lisant *zuwii* je trouve d'une analogie parfaite avec le chaldéen צְבוּ ou צְבָן, *zewou* ou *zewah* , « voluntas. » Elle est en même temps des plus intéressantes puisqu'elle paraît renfermer, réunie avec celle du nom propre suivant, un exemple du *casus constructus*.

Je joins à cette discussion la table synoptique suivante, qui permet au lecteur d'embrasser d'un coup d'œil l'écriture qui forme le sujet de mon travail, son déchiffrement par M. Westergaard, ma propre lecture, et les racines et parties du discours en hébreu et chaldéen, qui présentent les rapports servant à son explication, enfin la traduction identique avec celle de la première écriture, qui en résulte.

(1) Édition de 1680.

TABLE SYNOPTIQUE.

1. *Invocation de l'inscription D. dans la 2e écriture cunéiforme de Persépolis.*
2. *Déchiffrement et lecture de M. Westergaard.*
3. *Lecture de M. Löwenstern.*
4. *Transcription de M. Löwenstern en hébreu et chaldéen.*
5. *Traduction conforme au texte identique de la 1re écrit.* (*Lassen*, etc.)

1 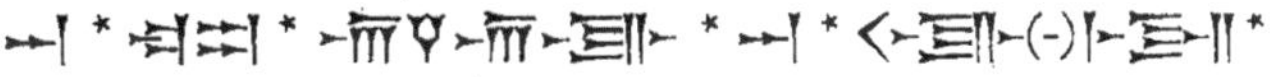
2. anap * rasarar * Aurāzda *
3. *Bel* * N^{e} b^{u} * r^{a}sch = ($r^{a}r$) * *Bel* * Ur^{a} (m)^{a}zd^{a} *
4. יְיָ * נְבוֹ * רֵאשׁ : (1) وَار * יְיָ * (ור(מ)צדא) *
5. DNS * Deus * maximus * DNS * Oromasdes *

1. 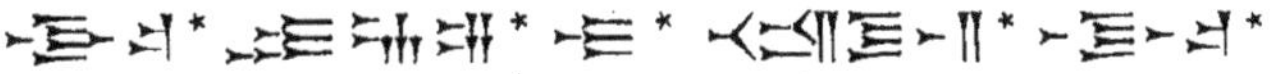
2. kkha * qru. * sa * tusta * kkha *
3. ch^{a}k^{ou} * arah * sih * dasah (d) * ch^{a} k^{ou} *
4. חהוא * אַרְעָא * די (זְה) * עָשָׂה : (2) כ ۋا * הַהוא *
5. is * terram * hanc * creavit * is *

1. 
2. akhokh * yutu * tusta * kkha *
3. *Bel* gagh (khach) * houta * dasah (d) * ch^{a} k^{ou} *
4. יְיָ גַג * חָדָא * עָשָׂה : כ (ۋا) * הַהוא *
5. (DNI tectum) cœlum * istud * creavit * is *

1. 
2. Wothirarra * tusta * kkha *
3. m^{o}th ($r^{a}rr^{a}$) * dasah (d) * ch^{a} k^{ou} *
4. מוּת : (3) أر : (4) را : * עָשָׂה : כ (2) (ۋا) * הַהוא *
5. mortales * creavit * is *

1. [cuneiform] * [cuneiform] * [cuneiform] *
2. siyatıs * tusta * Wothirarän *
3. sch'yat'sch * dasah(d) * mᵃth (rᵃrᵃn) *
4. (שיאתיש) * עָשָׂה : ‏ד (2) (ﺝ) * מות : ﺭﺍ (4) : ﺍﻦ (5) *
5. imperium * creavit * mortalium *

1. [cuneiform] * [cuneiform] * [cuneiform] *
2. kkha * Khsarasan * kura * yut. da *
3. ꝏᵃ kᵒᵘ * ꝏ schʸᵃrschᵃ * Schah (rᵃ) * wᵉt(nᵉd) *
4. הֲזֹוא * (חֲשַׁאֲרֹשָׁא) * שׇׁח : ﺭﺍ (4) (ﺝ) (2) ד בנח(בית) *
5. is * Xerxem * Regem * fecit *

1. [cuneiform] * [cuneiform] * [cuneiform] *
2. khora * rasakhothin * ku * khora *
3. khou(rᵃ) * rᵃschᵃkh꞊ün * Schah * khou(rᵃ) *
4. אחד : ﺭﺍ (4) * ראש - ﻜﻴﻦ (6) * שׇׁח * אחד : ﺭﺍ (4) *
5. unicum * multorum * Regem * unicum *

1. [cuneiform] *
2. rasakhothin * pharäwataräm *
3. rᵃschᵃkh ꞊ün * phrᵃmᵃtᵃrᵃn *
4. ראש - ﻜﻴﻦ (6) * (פרמתרם) *
5. multorum * imperatorem *

1. * [cuneiform] * [cuneiform] * [cuneiform] *
2. * Yo * Khsarasa * ku * rasarar *
3. *(Anᵃ)* ꝏschʸᵃrschᵃ * Schah * rᵃsch(rᵃr) *
4. * (אֲנָא) * (חֲשַׁאֲרֹשָׁא) * שׇׁח * ראש : ﻭﺍﺩ (1) *
5. * Ego * Xerxes * Rex * magnus *

1. 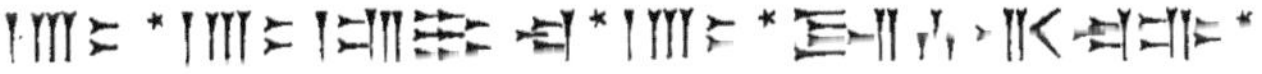
2. ku * kuthin * ku * dahyunam (W. 334) *
3. Schah * Schah$\frac{n}{w}$ ün * Schah * Dªhyunün *
4. שַׁח * (5) كان : ان : שַׁח * שַׁח * (5) ان (דחיונן) *
5. Rex * Regum * Rex * regionum *

1. 
2. pharuzananam * ku * qru *
3. phªrᵘ(wa) zªnªnᵘn * Schah * arah *
4. (פר(ו)צננם) * שַׁח * ארעא *
5. Pahlu(wa) populis (habitatarum) * Rex * terræ *

1. 
2. saqqu * buzakha * phśati. ka * aphi *
3. seikhⁱ * oussak * phªschªt * hªph *
4. דיכי (דך) * שגיא * שפט * אף *
5. hujus * magnæ * stator * etiam *

1. 
2 Dariyawuś * ku * śagri *
3. Dªrʸªwusch * Schah * schᵉᵭᵉr *
4. דריוש * שַׁח * שגר *
5. Darii * Regis * filius *

1. 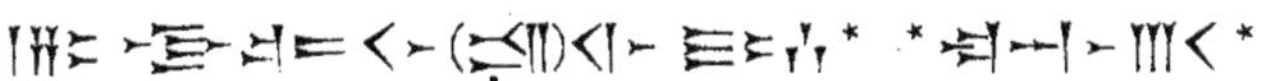
2. Okkhavenisiya * * Naari *
3. ᵭakhªmᵉnⁱschya * * nar *
4. (האקמנישיא) * * אמר *
5. Achaemenius * * Dicit *

1.	𒁹 (cunéiforme)	*	𒁹 (cunéiforme)	*	𒁹 (cunéiforme)	*
2.	Khsaraśa	*	ku	*	raśarar	*
3.	cßsch‏ʸᵃrschᵃ	*	Schah	*	rᵃsch($r^a r$)	*
4.	(חֲשָׁאֲרֵשָׁא)	*	שֹׁה	*	ראש : وَار (1)	*
5.	Xerxes	*	Rex	*	magnus	*

1.	𒁹 (cunéiforme)	*	𒁹 (cunéiforme)	*	𒁹 (cunéiforme)	*
2.	zu viyi	*			Auräzdan	*
3.	zuvii	*	Bel	*	Urᵃmᵃzdᵃ(n)	*
4.	צְבוּ	*	יי	*	[הר(מ)צדא]	*
5.	Ex voluntate	*	D̄N̄I	*	Oromasdis	*

J'espère que cette table, bien mieux que la discussion qui la précède, fournira aux philologues le moyen de juger des rapports qui existent entre la langue que la deuxième écriture de Persépolis renferme et les racines des langues sémitiques, séparées de leurs affixes, que nous trouvons analogues dans le principe à ceux du pehlvi et du persan moderne.

Il me reste à récapituler rapidement et en quelques traits, les rap-

(1) وَار ou سَار affixes persans formant l'adjectif qui indique augmentation ou abondance.

(2) د. Désinence de la 3ᵉ pers. du verbe persan. ڋ Désinence de la 3ᵉ pers. du verbe Pehlwi.

(3) ر Affixe au verbe persan pour former le substantif.

(4) را Affixe persan du datif et accusatif.

(5) كان : ان ‏ terminaisons persanes du pluriel.

(6) كين Affixe persan formant l'adjectif qui indique possession ou abondance.

Note. Les noms hébreux entre parenthèses sont des reproductions littérales de l'élamite, là où les trois écritures présentent une transcription identique ; il n'y a que le nom de Darius qui se trouve dans la Bible. (Pour Xerxès, il faudrait décomposer le nom Artaxerxe.) — Rem. que *phaschat*, p. 724, l. 13, ne représente que la racine du mot élamite; et que *magnus*, p. 725, l. 5, est dans le sens abstrait « le Grand. »

ports grammaticaux que l'élamite présente avec le pehlwi et le persan moderne.

C'est particulièrement la déclinaison qui classe l'élamite avec ces deux langues : nous y trouvons aussi peu que dans ces dernières des désinences constantes pour les cas, excepté pour le datif et pour l'accusatif, où nous remarquons (la terminaison *n*, se présentant seulement dans les transcriptions identiques à la première écriture) ce même affixe *ra*, analogue avec le persan, que la sagacité de **M.** Westergaard lui a fait découvrir (1. c., p. 318).

Quant au génitif, nous rencontrons pour ce cas un seul exemple de désinence au singulier; c'est dans le nom propre, Oromasde, où nous lisons *Aurazdan*, après *ex voluntate*. Mais comme pour cette même forme le nom demeure dans quelques inscriptions intact au nominatif, tel que nous le voyons dans **D**, je n'admets cette désinence que comme fortuite, et nullement de rigueur; de sorte que je la crois du nombre de certains affixes dont l'exact emploi dans l'élamite n'est pas constamment motivé par les formes grammaticales analogues que nous remarquons dans le persan moderne, et qui restent par conséquent pour la plupart aussi inexplicables que l'est l'usage de la terminaison *man* ou *men* dans le pehlwi; terminaison que nous trouvons rattachée dans cette langue indistinctement au substantif, à l'adjectif ou au pronom, sans égard au genre ni au nombre (Bohlen, *Symb.* ut sup., p. 12). Je suis d'autant plus porté à ne point considérer le *n* ajouté quelquefois au nom d'Oromasde, après *ex voluntate*, comme désinence constante du génitif, que je crois trouver dans les deux mots élamites *zuvii Aura(m)azda* ou *Aura(m)azdan*, malgré cet affixe, une des analogies les plus intéressantes de forme grammaticale avec les langues sémitiques, en même temps qu'avec le persan moderne. C'est celle qui me paraît résulter du nombre de signes voyelles qui forment dans *zuvii* un redoublement à la fin du premier mot. Les deux *i* qui s'y rencontrent ensemble, et dont l'un est évidemment superflu, me font supposer que ces deux mots renferment un exemple du *jaj izafet*, dont j'ai traité plus haut, page 704. Dans le persan, nous lisons *waschna Auramazdaha*, *e voluntate*, ou *voluntas Auramasdis*, et le nom propre qui y est régi se trouve au génitif. Dans l'élamite le nom propre se présente dans plusieurs exemples sans affixe qui, dans d'autres, semble fortuit, tandis que le substantif qui régit montre un signe voyelle surabondant qui ne saurait être considéré que comme une désinence. J'ai donc l'opinion que les deux mots se trouvent dans les con-

ditions requises pour le *casus constructus*, et le reproduisent en effet.
Il est bien entendu que des deux *i* qui se présentent dans l'élamite,
le deuxième ne serait exprimé graphiquement dans le persan moderne,
quand il suit le premier *i* radical, que par (≠) *kesrata hemze*.

Le pluriel est formé des désinences *ü*, *ün*, *nün*, *wün*, etc., ou *an*,
que je suppose passé des langues sémitiques dans le persan moderne ;
je ne les considère point, ainsi que je viens de l'énoncer, comme indiquant un cas déterminé, le génitif, par exemple, où nous rencontrons encore la particule *rar* (West., 318 et 323), mais comme des
désinences générales du pluriel ; ce qui, du reste, ne pourra être déterminé que par des exemples pour d'autres cas qui jusqu'à présent
nous manquent.

De même que dans le pehlwi, les lettres se distinguent difficile-
ment dans ces désinences grammaticales, ce que j'attribue moins à
notre ignorance de la valeur des signes qui les composent, qu'à la
nature de plusieurs caractères d'exprimer en même temps plusieurs sons différents ; qualité que nous avons vu Anquetil assigner
au pehlwi dans un certain développement, que le docteur Müller
ne reconnaît que dans un degré plus limité. Ce savant adopte néanmoins le cas où deux sons sont exprimés par un même signe, particulièrement pour *n* et *w*, lettres qui dans la deuxième écriture
forment les éléments principaux des affixes pour le pluriel.

Sans avoir été à même de présenter des analogies précises pour
ces terminaisons en *rar*, en *kin*, etc., qui se trouvent réunies à
une même racine, là où leur présence ne paraît justifiée ni comme
désinence de genre, de cas, de nombre ni même de comparaison ; je
crois cependant que leur existence dans l'élamite se trouve expliquée
par l'emploi si fréquent dans le persan moderne de terminaisons
qui servent pour la transformation des différentes parties du discours
l'une dans l'autre ; emploi sur lequel l'étude approfondie des rapports
avec cette langue, peut seule nous éclaircir par la suite.

Les pronoms de l'élamite, ainsi que nous l'avons vu, s'accordent
avec les pronoms chaldéens ; quant au verbe, autant qu'il est possi-
ble d'en juger par le peu d'exemples que la deuxième écriture nous
fournit, qui encore ne nous montre pour la plupart, que le prétérit,
il présente généralement la désinence pour la troisième personne du
pehlwi et du persan moderne dans ce même temps.

Je ne pousserai pas plus loin la recherche de ces analogies, mais
j'ajoute encore quelques observations générales.

Les rapports de l'écriture élamite avec celle des Babyloniens et des

Assyriens sont intimes, de sorte qu'elle paraît en dériver. Beaucoup
de signes ont des valeurs absolument identiques. Quant aux lois euphoniques, telles que la disparition de l'*r*, les permutations pour les
labiales *w* et *m*, le redoublement de plusieurs lettres ; ces faits
avaient déjà été reconnus par M. Westergaard. J'ai ajouté à mon
tour le principe des homophones, et appliqué celui des homotypes,
ainsi que la discussion en a fourni les exemples. J'ai tenté surtout
de démontrer la méthode syllabique comme inapplicable à cette
écriture, puisqu'elle a formé jusqu'à présent un obstacle à la connaissance de la langue dont j'espère que l'origine sémitique est mise
hors de doute par ces *Remarques*.

Ce 30 janvier 1850.

Nous appelons l'attention de nos lecteurs sur les types cunéiformes employés dans
cet article, les seuls en France qui reproduisent exactement la deuxième et la troisième écriture cunéiforme de Persépolis; ceux que nous connaissions jusqu'à présent
ne représentaient que les signes particuliers à Korsabad. Cette collection, qui comprend aussi les signes de la première écriture cunéiforme, appartient à M. Lœwen-
stern, et a été exécutée sous la direction de M. A. Lucas, directeur de l'imprimerie
du *Moniteur universel*.

(Note de l'éditeur.)